천리포 소년,
하나님의 이정표를
따라가다

신태의 지음

너희는 여호와를 만날 만할 때에 찾으라
가까이 계실 때에 그를 부르라(사55:6)

_____

나는 행복합니다

열다섯 살에 하나님을 만나 믿음 생활을 시작했다. 그 뒤 신학을 공부하고 목회 일선에서 살아온 세월이 50년을 훌쩍 넘겼다. 어느덧 고희가 됐으나 철부지 아이처럼 극복하지 못한 것들이 있다. 어른의 얼굴을 했다고 매사에 어른이라 할 수 없는 것이 또한 인생 아니겠는가.

부모와 자식의 함수 관계가 대표적이다. 하나님의 큰 사랑을 깨닫지 못한 사람도 자식을 위해서라면 일흔 번에 일곱 번이라도 이해하고 희생할 준비가 되어 있다. 그러나 자식이 부모를 생각하는 마음은 그렇지 못하다.

나는 얼굴 가득 주름살이 있지만 억울하다고 털어놓은 후에야 내 안에 삭혀지지 않은 응어리가 있음을 알았다. 내리사랑은 있어도 치사랑은 없다 했던가. 나는 아버지가 나의 이상에 부합하는 아버지가 아닌 사실이 못내 서운했다. 늘 아버지를 원망했다. 일흔을 눈앞에 둔 지금도 나는 열세 살 소년의 가슴으로 아버지를 떠올리곤 한다.

돌이켜보면 나는 중등교육조차 받을 수 없는 가정환경 덕분에 다른 사람보다 일찍 하나님을 만났다. 하나님을 만나기까지 징검다리나 전령사 역할로 내게 오신 분이 아버지라는 사실을 뒤늦게 깨달았다.

하나님을 알고 난 후의 삶은 행복한 여정이었다. 그러나 나도 사람인지라 목회자로 살아온 삶의 뒤안길이 꽃길만은 아니다. 그렇더라도 내 아버지의 삶에 비하면 꽃길을 걸어온 아버지요, 사랑의 빚을 가득 안고 살아온 행복한 지게꾼이다. 하나님은 육신의 아버지에게 결핍을 주셔서 나를 깨우셨다. 그러므로 나는 행복한 목자요, 꽃밭 속의 소년이었다고 여긴다. 나는 이 사실을 하루라도 빨리 깨달아서 하나님 안에서 이루어지는 내 삶의 모든 역사에 어머니도 아버지의 기억도 함께 성장시켰어야 했다. 한데 나는 자주 잊었고, 또 열세 살 시선으로 아버지를 바라보았다. 불혹의 나이에도 칠십이 눈앞인 어제까지도.

이제는 아버지의 한(恨) 깊은 생을 아들로서 보듬어야 한다는 사실을 깨달았다. 무엇보다 하나님의 계획표 안에서 빛난 나의 역할에 감사해야 한다는 사실을 알게 되었다. 이런 깨달음은 나의 목회 여정과 광남교회에 임하신 하나님의 역사를 남기려고 시작한 책 쓰기 과정에서 얻었다. 내가 이 책을 쓰기로 한 이유는 한 가지다. '여호와께서 내게 주신 모든 은혜를 무엇으로 보답할꼬'(시116:12) 하는 마음으로 내가 만난 하나님을 다른 사람들도 만나 지금보다 더 행복한 삶을 살았으면 하는 바람 때문이다.

하나님은 가진 것 없고 기댈 곳 없는 내게 때마다 잊지 않고 천사들을 보내셨다. 좌절하거나 주저하는 순간에도 하나님께서 친구, 부모, 스승, 멘토의 이름으로 천사를 보내어 위로해 주시고 곤경에서 건져주셨다. 그 소중한 인연에 늘 감사하는 마음으로 살아왔다. 덕분에 나는 사랑의 빚쟁이가 되었다. 크나큰 빚을 다른 것으로는 도저히 갚을 길 없어 이렇게 이야기를 털어놓으며 조금이나마 보답하려고 한다. 한 사람의 인생 여정에 불필요한 인연은 없다. 지금 매우 행복하다고 여긴다면 불행하던 지난날에 함께 멍에를 짊어진 가족과 이웃에게 감사의 말을 전해야 한다. 하나님이 기뻐하는 참사람이 되어야 한다.

오늘의 내가 있기까지 부족한 나를 이끌어 주시고 기도와 사랑으로 키워주신 내 인생의 멘토 이현 목사님과 김제건 목사님, 기도의 어머니 안윤진 권사님께 감사의 말씀을 전한다. 사랑과 헌신으로 공동체를 섬겨주신 광남교회 당회와 성도들께도 감사하다. 작은 개인의 서사에 의의를 더해 주시고 중단 없이 나아갈 수 있게 이끌어 주신 북코칭 교실 봉은희 교수님께 감사드린다. 덕분에 생의 다른 눈을 얻게 되었다. 책을 쓰는 여정에서 첫 독자가 되어 아낌없는 지지를 보내 준 북코칭 교실 동료들께도 감사하다. 나의 아내이자 나의 동역자인 임명옥 덕분에 지난 40여 년 동안 나는 행복한 목회자로 살았다. 아내의 희생에 미안하고 감사하다. 선교 100주년 기념으로 개척한 광남교회에 행하신 하나님의 놀라운 역사와 38년간 주 안에서 동행한 성도님들의 사랑과 수고를 절대 잊지 않을 것이다.

저자 신 태 의

한 사람

당신 한 사람 거기 있어
모래밭 갯벌 천리포는
보잘것없는 사람을
위대한 종으로 부르시는 갈릴리가 되었다

당신 한 사람 거기 있어
가난은 부요의 터전이 되고
배움에 배고픈 그 청소년의 학당이 되었다

당신 한 사람 거기 있어
예수 외에는 세상 모든 것이 배설물이고
예수만이 전부인 가나안이 되었다

당신 한 사람 거기 있어
멘토 한 사람 만나
참목자 닮은 목자가 되었다

당신 한 사람 거기 있어
천리포교회가 태어나고
광남교회가 세워진 안디옥 산실이 되었다

고 훈 시인, 안산제일교회 원로목사

신태의 목사는 이런 사람입니다

나는 신태의 목사님을 동역자로 만나
평생 교제하면서 살았습니다.

물은 건너봐야 알고,
음식은 먹어봐야 알고,
사람은 지내봐야 안다고 합니다.

신태의 목사님은 이런 사람입니다.

1. 친구가 없으면 못 사는 사람
2. 교회가 없으면 못 사는 사람
3. 복음을 전하지 않고는 못 사는 사람

이 책 본문에서 우리는
목사님의 그러한 발자취를 엿볼 수 있습니다.

김 제 건 고척교회 원로목사

하나님의 이정표를 따라 걸어온
사도행전적 기록

이 책의 저자 신태의 목사님은 나의 오랜 동료이자 친구입니다. 수십 년의 세월 동안 가까이 지내왔는데, 이 한 권의 책을 통해 목사님을 더 많이 알게 됐습니다. 가슴 가득 하나님의 섭리와 사랑 그리고 은혜의 깊이를 체험하며 읽었습니다. 한편의 드라마를 써 내려가시는 주님의 손길도 보았습니다. 목사님을 통해 행하신 하나님의 위대한 역사를 바라보게 합니다.

이번 저서 《천리포 소년, 하나님의 이정표를 따라가다》는 주님과 동행한 한 목회자의 사도행전적인 글입니다. 상급학교에 진학하지 못해 실의에 빠져 있던 청소년기의 우울, 그러한 소년의 삶 가운데 빛으로 찾아오신 예수님, 생애 가장 감동적인 순간과 중대한 변화를 가져온 사건들, 그러한 경험들과 현재 자신과의 관련성, 저자의 삶에 긍정적인 영향을 준 고마운 인연들…. 주님이 인도하신 이정표를 따라 걸어온 삶의 이야기가 빼곡합니다. "일을 행하시는 여호와, 그것을 만들며 성취하시는 여호와, 그의 이름을 여호와라 하는 이가 이와 같이 이르시도다 너는 내게 부르짖으라 내가 네게 응답하겠고 네가 알지 못하는 크고 은밀한 일을 네게 보이리라"(렘 33:2-3) 하신 말씀을 붙잡고 살아온 저자의 진한 생애 기록입니다.

　1부에서는 배움에 목말라하던 가난한 한 시골 소년의 기도를 들으시고 천리포교회를 세워 가시는, 하나님이 행하신 놀라운 일들이 기록되어 있습니다.

　2부는 그 소년을 하나님의 사람으로 세우시기 위해, 하나님이 들어 사용하신 믿음의 사람들의 헌신과 사랑의 이야기입니다.

　제3부는 목회의 연단과 훈련을 통해 그를 목회자로 세우시고 지금의 광남교회를 세우시기까지의 이야기입니다. 하나님이 보내주신 믿음의 동역자들을 기억하고 진실한 감사와 사랑을 고백하는 이야기입니다.

　4부에서는 가족 이야기를 풀어냈습니다. 차마 말하기 어려운 가족의 아픈 이야기까지 진솔하게 꺼내놓음으로써, 저자가 얼마나 사랑과 믿음의 사람인지를 알게 해줍니다. 그가 얼마나 좋은 아들이자 좋은 남편이며 좋은 아버지의 길을 걸어왔는지를 보여주는, 가슴 뭉클한 용서와 사랑의 이야기입니다. 특히 아버지와 어머니의 이야기, 그리고 형들과 이웃의 이야기를 하나님의 은혜와 섭리의 관점에서 이해하고 풀어낸 대목에선 읽는 이로 하여금 눈시울을 젖게 합니다.

5부에선 목회자로서 섬겨온 발자취를 정리했습니다. 자신을 '빚진 자'라고 고백하는 저자의 모습에서 한없이 낮아진 삶의 자세를 보게 됩니다. 46년의 사역 여정과 광남교회 38년의 역사를 돌아보며 저자는 하나님의 은혜와 성도들의 사랑 그리고 하나님이 보내주신 믿음의 사람들에 대한 감사로 글을 맺고 있습니다. 목사님의 생애 전반을 주관하시며 그를 통해 일하시는 하나님의 실재가 이 책 속에 촘촘히 드러나 있습니다.

현재의 삶이 감사와 감동으로 채워지길 바라는 이들에게 이 책을 추천하고 싶습니다. 특별히 목회자와 은퇴자(은퇴 예정자), 부모님들께 기쁨으로 일독을 권합니다.

연약한 자를 쓰시고자 수많은 믿음의 사람들을 사용하여 한 사람을 세우시고 귀하게 쓰시는 하나님의 은혜의 손길을 바라보면서 찬양을 드립니다.

  "부와 귀가 주께로 말미암고 또 주는 만물의 주재가 되사 손에 권세와 능력이 있사오니 모든 사람을 크게 하심과 강하게 하심이 주의 손에 있나이다"(역대상 29:12)

  조 석 환 과림리교회 원로목사

신태의 목사님의 기도 열매인
광남교회 역사를 한 눈에

고기 잡는 어부의 아들로 태어났지만, 가난하여 배움을 뒤로하고 산으로 나무하러 다녀야만 했던 한 소년을 하나님은 사랑하셔서 사람 낚는 어부로 만드셨다. 이 책은 그 이야기의 시작과 진행과 완성이다. 하나님의 초월적 인도하심과 돕는 손길을 통한 기적적 인도하심을 '빚'이라 여기며, 이 '빚'을 갚고자 몸부림친 한 소년의 흔적들이 이 책에 고스란히 녹아져 있어 읽는 내내 큰 울림이 있었다. 예비 목회자와 혼돈의 삶의 갈림길에 서 있는 성도들에게 도전을 주고, 방향 설정에 유익을 줄 것으로 기대한다.

실존주의 철학자 키에르케고르는 말하기를 '인간에게 절망은 죽음에 이르는 병'이라고 하였다. 우리는 천지만물을 창조하신 절대자 하나님을 의지하고 하나님께 기도할 때 절망에서 벗어나 희망으로 바꾸는 놀라운 기적을 체험할 수 있다.

모세의 후계자인 여호수아는 믿음의 사람이었다. 이스라엘이 아말렉과 전쟁을 하게 되었을 때, 이스라엘로서는 도저히 그 전쟁을 이길 수 없었다. 여호수아는 기도 중에 이스라엘이 아말렉을 이길 수 있는 유일한 가능성은 태양이 서고 달이 설 때라는 것을 발견했다. 그래서 여호수아는 하나님께서 약속하신 말씀 "너는 이스라엘 자손들을 인도하여 내가 그들에게 맹세한 땅으로 들어가게 하리니 강하고 담대하라. 내가 너와 함께 하리라 하시니라(신31:23)"는 말씀을 100% 믿고, "내가 네게 명령한 것이 아니냐. 강하고 담대하라. 두려워하지 말며 놀라지 말라 네가 어디로 가든지 네 하나님 여호와가 너와 함께 하느니라 하시니라(수1:9)"는 말씀을 의지하여 하나님이 만드신 태양과 달을 향해서 결사적으로 "태양아 너는 기브온 위에 머무르라 달아 너도 아얄론 골짜기에서 그리할지어다(수10:12)"라고 기도했다. 그때 하나님께서는 여호수아의 기도를 들으시고 태양이 서고 달이 머무르게 하셨고, 이스라엘은 아말렉과 싸워 통쾌하게 승리하였다. 여호수아가 하나님의 말씀을 의심 없이 100% 믿고 기도했기에 기적이 일어났던 것이다.

광남교회를 창립할 당시 임시예배소로 사용하려고 했던 새마을회관에서 예배를 드릴 수 없으니 기물을 다 내놓으라고 했을 때, 신태의 목사님은 여호수아처럼 하나님을 향해 도와달라고 눈물을 쏟으며 기도하면서 장의자를 교회 밖으로 끌어냈다.

목사님께서 진실한 눈물을 쏟으면서 기도하는 모습을 보시고 하나님께서 기도의 응답으로 천사를 보내셨다. 교회 의자를 교회 밖으로 끌어내시는 것을 지나가던 한 할아버님이 보시고 "왜 우십니까?" 물으시기에 사정을 말씀드렸더니 할아버님께서 아무런 대가없는 사랑으로 도움을 주셔서 단독주택에서 예배를 드릴 수 있었고, 후에 예배당 터를 헌납하셔서 아름다운 푸른 초원 위에 교회가 우뚝 세워졌다.

"내가 진실로 너희에게 이르노니 누구든지 이 산더러 들리어 바다에 던져지라 하며면 그 말하는 것이 이루어질 줄 믿고 마음에 의심하지 아니하면 그대로 되리라. 그러므로 내가 너희에게 말하노니 무엇이든지 기도하고 구하는 것은 받은 줄로 믿으라. 그리하면 너희에게 그대로 되리라(막 11:23-24)"라는 말씀에 바탕한 기도 응답으로 광남교회가 이 땅에 탄생, 하나님의 구원의 역사를 오늘도 써 내려가고 있다. 이는 "구하라 두드리라 찾으라"는 말씀에 대한 응답의 결정체다.

나는 광남교회에 갈 때마다 하나님을 향해 고개를 숙이게 되고, 감사가 절로 나온다. 신태의 목사님은 돈 보기를 돌같이 여기는 반면, 믿음과 사랑은 차고 넘치는 목사님이다. 나는 목사님을 존경한다. 교회가 재정적으로 어려움이 있음에도 불구하고 실로암에 거액의 개안수술 헌금을 하고, 지금까지도 수시로 헌금을 보내오고 있다. 교회에서는 어린이로부터 장년층에 이르기까지 사랑을 느끼게 해주기 위해 토끼와 새를 기르고 있다. 아름다운 목자의 표본이다.

　우리 대한민국 교회가 신태의 목사님을 본받아서 우리 앞에 어려움과 절망이 왔을 때 하나님을 향해 결사적으로 기도한다면 평화롭고 행복한 삶을 이루게 될 것이다.

　여호수아와 같이 절망 앞에서 결사적인 기도로 응답받은 신태의 목사님. 앞으로 광남교회가 인류를 향해 하늘의 소망과 땅의 희망을 왕성하게 심는 교회가 되기를 축복한다.

김 선 태 실로암안과병원 원장, 목사

목 차 ───

| 제1장 | 내 고향 천리포 이야기

| 제 2장 | 목회자로 훈련받다

| 제3장 | 광남교회를 세우다

| 제4장 | 가족 이야기

| 제 5 장 | 목회자로 사노라면

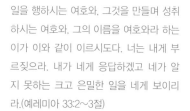

일을 행하시는 여호와, 그것을 만들며 성취하시는 여호와, 그의 이름을 여호와라 하는 이가 이와 같이 이르시도다. 너는 내게 부르짖으라. 내가 네게 응답하겠고 네가 알지 못하는 크고 은밀한 일을 네게 보이리라.(예레미아 33:2~3절)

우리 동네 막골

　나는 충청남도 태안군 소원면 의항리 막골에서 태어났다. 막골은 '더는 나아갈 곳이 없는 막다른 고을'이라는 뜻이다. 대한민국 지도를 호랑이 모양으로 본다면 막골은 앞발 끝부분이라 할 수 있다. 동네 어른들은 간혹 "여기서 배를 타고 더 나가면 중국 땅의 닭 울음소리도 들린다"고 말했다.

　막골이라는 이름에 걸맞게 버스를 타려면 논밭을 지나 산길을 넘어 모랫길까지 10여 리를 걸어가야 했다. 교통수단이라고는 바닷물이 빠져나가면 생선을 운반하러 오는 트럭 한 대가 유일했다. 모두 두 발로 걸어 다녔다. 초등학교에 가려면 천리포와 만리포 해변의 천리만리 모랫길을 지나 한참을 더 걸어가야 했다. 막골은 겸재 선생의 산수화처럼 경관이 수려하다. 집 앞에는 큰 산이 있고, 뒤쪽은 천리포 바닷가다. 어린 시절엔 모래벌판과 바다를 놀이터 삼아 온종일 뛰어 놀았다.

　해변을 따라 쭉 늘어선 해당화가 필 때면 향기가 천 리 밖까지 퍼져나갔다. 배고픈 시절에 빨갛게 익은 깽무룩(해당화) 열매를 따 먹었다. 이른 아침 앞산에 떠오르는 태양과 수채와 같은 붉은 노을이 바닷속으로 잠기어 가는 일몰의 풍광은 보고 또 보아도 경이로웠다.

　그토록 아름다운 마을이지만, 그 속에서 살던 우리 집 형편은 무척 가난했다. 인천에서 20년 회사원 경력이 전부였던 아버지는 천리포로 내려오신 후 어부가 되어 남의 집 배를 탔다. 병약한 아버지는 고된 삶에 짓눌려 점점 알코올 중독자가 되어 갔다. 급기야 아침 해장술을 거르면 손을 떨고 아무것도 할 수 없는 상태에 이르렀다. 술에 취해 누워 계신 아버지에게 어머니는 잔소리를 쏟아냈다. 부모님은 자주 다투었고 집안 분위기는 점점 더 삭막해져 갔다.

나는 집이 싫었다. 집에 들어가고 싶지 않은 적이 많았다. 내가 보고 접한 막골과 천리포의 환경은 고왔지만 우리 집은 수렁과도 같았다. 물론 동네의 다른 집안 사정도 크게 다르지 않았다. 너 나 할 것 없이 강퍅했던 1970년대에 가난과 술과 다툼은 뱃사람들 곁을 질기게 지켰다.

수십 년이 흘러 칠순을 눈앞에 둔 지금, 막골에 사는 주민들 사정은 완전히 달라졌다. 모두 평화롭고 부유하다. 그 광경을 바라보는 내 마음도 풍요롭기는 마찬가지다. 이제 막골은 막다른 고을이 아니다. 수많은 사람이 찾는 관광지가 되었다. 천리포해수욕장의 유명세에 천리포수목원이 생기면서 더 유명하고 아름다운 마을이 되었다. 천리포수목원에는 세계 각국 식물들이 자란다. 이를 낱낱이 기록하고 연구하는 연구원도 상주한다. 큰 길이 없던 마을에 포장도로가 생기고, 마을 전체에 여러 가지 나무를 심어 온 마을이 수목원처럼 변했다.

내 생애 최고의 만남

나는 모항에 있는 모항초등학교를 졸업했다. 막골에서 학교까지 가려면 천리포와 만리포 모래 해변 길을 끝없이 걸어야 한다. 10리쯤 걷는데 초등학생에게는 먼 거리다. 한여름엔 소금기를 품은 진득한 바람이 불고, 겨울철에는 세찬 바닷바람에 실려 온 모래가 언 볼을 할퀴고 지나갔다.

걷는 것이 일상인 아이들은 달리기를 잘했다. 나도 초등학교 4학년 때부터 8백 미터 계주 선수였다. 1년에 한 번 돌아오는 운동회 날을 손꼽아 기다렸다. 달리기 대회에서 1등을 하고 공책 세 권을 받으면 온 세상을 얻은 것처럼 기뻤다.

나는 중학교에 진학하지 못했다. 학업 성적이 부족해서가 아니었다. 학급에서 급장도 했다. 6학년 땐 전교 어린이 회장까지 했다. 졸업식에서 교육감상을 받고 부상으로 국어사전을 받았다. 우리 형편에 감히 살 수 없는 진귀한 사전이었다. 졸업을 앞둔 어느 날, 담임 선생님이 부르셨다.

"태의야, 도움을 주지 못해 미안하다. 그 돈으로 등록금이라도 해 주어야 하는데."

그 무렵 선생님은 모종의 사건으로 돈을 몽땅 잃고 명예마저 실추된 상태였다. 아버지 역시 "미안하다"고 하시고는 계속 술을 찾으셨다.

중학교 교복을 입고 학교에 가는 친구들과 마주칠 때면 마음이 아팠다. 그 시간에 나는 지게를 지고 나무하러 산에 갔다. 나무를 한 짐 지고 집까지 오는 길은 멀었다. 여러 번이나 지게를 받쳐 놓고 쉬어야 했다. 첫 쉼터인 산마루에 지게를 세워 두고 멀리 천리포 바다를 하염없이 바라보곤 했다. 그러고는 수없이 다짐했다.

'나는 제2의 페스탈로치가 될 거야.'

어떻게든 학업을 계속해서 어려운 학생들을 가르치는 선생님이 되고자 굳게 결심했다.

어느 날, 만리포교회에서 중등구락부 학교를 개설한다는 소식을 들었다. 우리 마을엔 교회가 없었다. 교회에 가는 것은 내게 생소한 일이었고 반감도 있었다. 그래서 학교 근처에 있는 교회를 다니는, 아버지가 장로인 친구를 자주 놀렸다.

"예배당에 갔더니 눈 감으라 하고는 신발 훔쳐 가더라. 목사가 곱등을 고쳐준다더니 망치로 때려서 죽여 버렸다네. 메롱."

신문물에 어둑하던 한적한 시골 마을에는 출처 없는 괴소문이 많이 돌았다. 귀신, 뱀, 또는 낯선 사람, 낯선 문화에 대한 편견에 살이 붙고 다리가 생겨 요즘 SNS보다 빠르게 이 마을 저 마을로 퍼져나갔다.

그런데도 나는 공부하고픈 욕심에 만리포교회에서 운영하는 야간 중등구락부 학교에 다니기로 했다. 처음 배우는 영어와 수학이 재미

있었다. 거의 무보수로 헌신하는 전도사님과 선생님들, 특히 건강이 좋지 않아서 요양차 내려오신 영어 선생님은 열정적으로 아이들을 가르쳐 주셨다.

그러나 곧 교회의 본심이 드러났다. 수업 중간에 예배를 드려야 한다는 것이었다. 나는 마지못해 예배에 참석하여 설교를 들어야만 했다. 그러던 어느 날 "하나님은 누구신가? 그분은 인생의 생사화복과 흥망성쇠를 주관하시는 살아 계신 만물의 주인이다. 예수님은 누구신가? 하나님이신 그분이 친히 사람이 되어 세상에 오신 구세주시다" 하는 설교를 들었다. 이보다 더 솔깃한 "예수님을 믿고 영접하면 하나님의 자녀가 되는 권세를 주신다"(요1:12)는 말씀도 있었다.

말 그대로 복된 말씀이었다. 그 순간 소년다운 깨달음이 왔다. 우리 아버지는 나를 중학교도 못 보내 주셨는데, 예수님을 믿고 영접하면 내가 하나님의 아들이 되는 권세를 받는다고? 나는 그분을 믿고 영접하기로 결단했다. 아니 성령님이 그렇게 강권해 주셨다.

그분을 내 인생의 구주로 영접한 이후 나의 눈과 귀는 새롭게 열리기 시작했다. 만물이 새롭게 보였고, 자신감을 얻었다. 희망으로 가득 찬 미래가 보이기 시작했다. 전능하신 하나님이 나의 아버지가 되고, 그 하나님 아버지께 기도할 때마다 놀랍게 응답해 주심을 체험했기 때문이다. 내 인생 최고의 만남은 교회를 만나고, 예수 그리스도를 만난 것이다.

교회학교 교사가 되다

만리포교회 미션스쿨에 다니며 자연스럽게 주일 예배에도 참석하게 되었다. 예배 중 말씀을 통하여 그분을 만난 후부터는 교회생활이 무척 재미있었다. 얼마 후엔 교회학교 반사(학생교사)가 되었다. 시골 작은 교회라 봉사할 청년이 없어 신앙생활을 시작한 지 얼마 안 되는 내게 기회가 온 것이다. 반사로서 가끔 어린이들에게 설교하고 성경 이야기를 들려주었다. 교사로 봉사하면서 많은 유익을 얻었다. 학교에서 가르쳐주지 않는 스피치 훈련과 함께 리더십을 길렀다. 성경을 읽고 분반 공부를 준비하며 신앙이 쑥쑥 자랐다. 그 변화를 담임 전도사님과 성도님들이 먼저 알아봐 주셨다.

어느 해 성탄절 행사를 준비하면서 성극을 맡았다. 변변한 도서 하나 구경할 수조차 없는 시골이라 연극 대본을 구하기도, 책방에서 사기도 힘들었다. 예수님께 지혜를 구했다. 그러던 어느 날 연극 대본을 꿈속에서 보여주셨다. 잠자리에서 일어나 성극 대본을 썼다. 주인공 역을 맡고 연출까지 도맡아 했다. 연극 제목은 '산제사일'이었다.

"교회 다니는 것들은 부모도 모르고, 제사도 안 지내는 불효막심한 사람들이라더군."

전도하다 보면 이런 조롱과 핍박을 당했다. 나는 기독교야말로 '네 부모를 공경하라'는 계명이 있는 효의 종교라는 사실을 보여주고 싶었다. 아울러 참된 효는 살아 계실 때 하고 돌아가신 후에는 부모의 은덕만을 생각하며 하나님께 추도예배를 드린다는 사실을 전하고 싶었다. 드디어 성탄 이브가 되었다. 그동안 기도하며 준비한 것을 무대에 쏟아부었다. 대본은 엉성하고 어설펐지만 시골 교회 성도님들은 칭찬을 아끼지 않으셨다.

그날 이후 깊은 고민이 생겼다. 부모님의 산제사를 현실에서 실천해야 한다는 생각이 떠나지 않았다. 나는 기도하기 시작했다. 그리고 결단했다.

'우리 부모님께 산제사를 지내 드리자.'

그리고 부모님 산제사 날짜를 12월 30일로 정했다. 31일은 교회에서 송구영신 예배가 있으니 겹치지 않도록 매해 그날로 정했다. 나는 부모님께 산제사란 말은 숨기고 동네 어르신들에게 음식 한번 잘 대접하자고 말씀드렸다. 부모님은 좋다고 화답하셨다.

어머님의 도움을 받아 음식을 마련했다. 쌀이 금만큼이나 귀한 시절이지만, 떡도 준비하기로 했다. 우리 마을에는 떡 방앗간이 없었다. 1시간 이상을 걸어야 했다. 12월 29일, 나는 한겨울 눈보라를 헤치며 떡쌀을 지게에 지고 천리포와 만리포 해변을 지나 모항의 떡 방앗간에 다녀왔다. 차가운 날씨에도 불구하고 마음속에 꽉 찬 열정으로 추운 줄도 몰랐다. 강한 힘에 이끌린 첫 체험이었다.

12월 30일, 부모님 '산제사날'이 되었다. 동네 여러 어르신들이

"뭘 좋은 날이냐?" 하고 물으셨다. "오늘은 우리 부모님 산제사일입니다. 저는 앞으로 부모님이 돌아가신 후에 제사상을 잘 차려 드리기보다 살아 계실 동안 매년 산제사 잔치를 미리 해드리려고 합니다"라고 했더니 동네 어르신들 반응이 예상보다 좋았다. 천리포에 교회가 세워지는 일에 큰 반감 없이 오히려 호응을 얻는 계기가 되었다. 열다섯 살에 그분을 만나 교회학교 반사를 맡고 하나님이 주시는 용기가 큰 은혜라는 사실을 체험하였다.

안윤진 권사님과의 인연

만리포교회 중등 구락부는 3년 만에 문을 닫았다. 나는 중등 구락부에서 함께 공부한 친구들에게 우리가 배운 것을 마을 어린이들에게 가르쳐 주어야 한다고 말했다. 친구들은 반대 없이 내 의견에 동의했다. 아직 어린 우리는 그 일이 얼마나 큰일인지, 어떻게 이어가야 하는지조차 알지 못했다. 그것은 어쩌면 우리 자신에게 공부를 계속 이어나가야 한다는 열망이 있었기 때문인지도 모른다.

1972년 7월 19일, 천리포 증산회관 창고에 만리포교회학교 분교를 세웠다. 청년교사들이 주체가 되어 예배를 드리며 분교를 전진기지로 삼았다. 좁은 공간이지만 마을에서는 제일 큰 창고였다. 바닥에는 빌대 방석을 깔고 문창호지에 '여호와는 나의 목자시니…'로 시작하는 시편 23편 찬송가를 적어 괘도를 만들어 걸었다.

첫 예배를 드리는 날, 아이들 50여 명이 참석했다. 텔레비전은 고사하고 라디오 소리도 듣기 어려운 그 시절, 새로운 놀이터라고 생각하는지 아니면 첫 교회에 대한 호기심인지 몰라도 꼬마 손님들이 많이 몰려왔다. 나는 열정적으로 찬송을 가르치며 말씀을 전했다.

2주 후 주일에 서울에서 피서 온 한 가정이 우리 예배 처소에 와서 가마니 위에 앉아 예배를 드렸다. 예배가 끝난 후 인자하게 생긴 권사님이 나에게 면담을 청했다.

"나 천리포 민박집에 숙박하고 있는데, 차 한잔 같이 할까요?"

그분은 대통령이 다닌다는 서울 충현교회의 안윤진 권사님이었다. 안 권사님은 그날 예배에서 받은 은혜를 말씀하시며 거듭 칭찬해 주셨다.

"요즘 젊은이들은 해수욕 놀이에 바쁜데, 학생이 비좁은 공간에서 땀을 뻘뻘 흘리며 인도하는 모습에 무척 감동하였어요."

나는 우리 계획을 말씀드렸다.

"잘 봐주셔서 고맙습니다. 저는 대학생이 아닙니다. 이 마을에 사는 청년인데, 아이들을 잘 키워보고 싶습니다. 장차 이곳에 흙벽돌을 찍어서 교회를 세우려 합니다."

내 얘기를 듣던 권사님은 이곳에 예배당 지을 땅을 구할 수 있느냐고 물으시며 피서 오게 된 동기를 말씀하셨다. 자신이 다니는 교회의 교단은 보수적이라 주일에는 절대 피서를 가지 않는데, 아직 교회에 나오지 않는 사위가 이번에 자신들과 휴가를 함께 가면 자신도 교회에 나가겠다고 약속했다는 것이다. 당신 가족이 하나님께 받은 은혜가 무척 큰데 아직 보답하지 못했다며 고난과 회복과 축복을 간증해 주셨다. 권사님은 이 이야기로 후에 여운간증문학상을 수상하셨다.

안 권사님은 지니고 있던 성경책을 나에게 주셨다. 나는 그때까지도 제대로 된 가죽표지 성경책이 없었다. 안 권사님은 뜻밖에도 이곳에 땅을 준비하면 건축 헌금으로 10만 원을 보내겠다고 약속했다. 당시 10만 원은 20여 평 집을 지을 건축 자재를 거의 살 수 있는 큰 돈이었다.

우리는 더욱 열심히 기도하면서 예배당 지을 땅을 구하기 시작했다. 당시 천리포 해변 위 모래벌판은 주인이 없는 것과 다름없었다. 그러나 막상 건축할 대지를 구하려니 생각처럼 쉽지 않았다. 어느 분은 자기네 밭 끝부분에 지으라고 쉽게 말씀하셨다. 고마운 마음으로 찾아가서 필요한 만큼의 땅에 금을 그었다. 그분은 생각보다 많은 땅이 들어가게 되어 그랬는지 허락 못 하겠다고 번복을 했다.

땅은 차차 더 구해보기로 하고 우선 건축 자재부터 준비하기로 했다. 때마침 나는 이장님을 돕는 마을 서기직을 맡고 있었다. 동네 어른들을 찾아가 목재를 기부해 달라고 부탁했다. 몇몇 분이 자신이 소유한 산에서 소나무를 베어다 쓰라고 승낙해 주셨다. 끼니를 변변히 때우지 못하고 땔감도 부족한 시절에 마음을 내어주는 일은 기적과 같았다. 더구나 믿음이 전혀 없던 주민들로서는.

마음이 청빈한 청년들을 통해 일하시는 하나님

처음에는 주민들이 사는 마을에서 성전 터를 찾았다. 그러나 아무도 땅을 허락하지 않았다. 애면글면하던 차에 당시 예비군 소대장이면서 가끔 모항교회에 다니는 서광희 씨가 자신의 집에서 가까운 모래 동산에 교회를 짓자는 제안을 했다. 그 땅은 서울에 있는 제지회사 소유인데, 이미 관리인의 허락도 받았다고 했다. 사람들이 살지 않은 땅이고, 오랜 세월 상엿집이 있던 곳이라 사람들은 그 옆을 지나가는 걸 꺼렸다. 그래도 다른 대안이 없는 우리는 그곳을 성전 터로 삼기로 했다.

처음에는 약간의 오해를 했다. 그분이 자기 집 가까이에 교회를 지으려는 줄 알았다. 그러나 다른 대안도 없고, 또한 예비군 소대장님의 마음을 얻고 싶어 어정쩡하게 동의했다. 50년 세월이 흐른 지금 천리포교회 위치는 최고 명소가 되었다. 해수욕장과 천리포 항구에서 가까운 곳이라 마을버스 종점이 생겼다. 그러자 마을회관과 주택들이 줄지어 들어서며 교회는 지역의 중심지가 되었다.

성전 터를 정한 후 터 닦기 작업을 시작했다. 공사를 시작하기 전엔 모래 산이라서 진흙땅보다 쉬울 줄 알았다. 그러나 포크레인도 없던 시절, 삽으로 땅을 고르다 보니 너무 힘들고 진척이 더뎠다. 뜻밖에도 동네 주민들이 가래를 들고 와서 자발적으로 도와주었다. 전혀 예상치 못한 도움에 절로 눈물이 났다. 나는 마을 사람들에게 감사의 인사를 드리고 약속했다.

"동민 여러분, 감사합니다. 이 교회당은 마을 공회당과도 같습니다. 필요할 때는 언제든지 사용하십시오."

성전을 완공한 다음 해, 김수복 씨가 성전에서 결혼 예식을 치렀다. 이후 그는 꾸준히 교회에 나오기 시작했다. 청년들(국용도, 김군서, 이순해, 신태의)은 건축에 적합한 굵은 모래를 '닭섬' 어구에서 운반해 왔다. 지게로 모래를 나르다 보니 힘만 많이 들고 능률이 오르지 않았다. 우리를 지켜보던 지재근 이장님께서 리어카를 빌려 주었다. 1972년 당시 우리 마을에 리어카는 그것 딱 한 대뿐이었다. 청년들은 목재 벌목을 허락받은 산에서 잘생긴 나무만을 골라 톱으로 자르고 껍질을 벗겨 목도로 운반했다. 고달픈 작업이지만 아무도 불평하지 않았다.

건축 자재 준비를 열심히 하고 있던 초겨울, 안 권사님 셋째 아들이 연락도 없이 약속한 건축 헌금 10만 원을 들고 불쑥 찾아왔다. 우리는 받아 두어야 할지 돌려보내야 할지 고민했다. 겨울에는 시멘트 공사를 못 하는데 큰돈을 미리 받아 보관하는 것이 부담스러웠기 때문이다. 우리는 상의 끝에 내년 초에 보내 달라며 그 돈을 받지 않았다. 후일 권사님 간증으로 대학생 아들이 추운 겨울 갑자기 건축 헌금을 들고 오게 된 사연을 들을 수 있었다.

용돈을 달라던 아들에게 오늘은 돈이 없다고 하자 평소 양처럼 온순하던 아들이 버럭 화를 내며 나갔단다. 그런데 몇 시간 후 머리가 펄펄 끓는 고열 상태로 돌아왔단다.

"어머니, 저 죽을 것 같아요. 기도해 주세요."

모자는 부둥켜안고 회개하며 기도하다가 성령님의 뜨거운 체험을 했다.

"어머니, 왜 약속한 건축 헌금 보내지 않으십니까?"

"요즘 우리 집 사정이 어려워 못 보내고 있었다."

"다른 일은 빚을 얻어서라도 하시면서 왜 하나님과 한 약속은 지키지 않으십니까?"

아들 입으로 하나님의 음성을 듣고 권사님은 다음 날 당장 빚을 내서 아들에게 주었다. 그런데 지금은 공사 때가 아니니 돈을 받을 수 없다며 돌려보낸 것이다. 권사님은 저 청년들은 참으로 순진하고 신실한 자들이구나 싶어 더 크게 감동했다고 한다.

어느덧 추운 겨울이 지나고 봄이 왔다. 하지만 성전 건축공사를 시작하지 못했다. 다시 보내 주기로 약속한 건축 헌금이 오지 않았기 때문이다. '만일 이대로 성전 건축비가 오지 않는다면, 어찌해야 하는가?', '동네 사람들 눈에 비칠 하나님의 영광은 어찌 되는 것일까?' 하는 걱정과 근심은 간절한 기도가 되었다.

'주 예수여! 도와주시고 일하여 주세요.'

하나님의 더 큰 그림

청년들은 교회당 지을 땅을 구하여 터를 닦고, 목재와 모래를 구입했다. 그런데 안 권사님한테서 아무런 연락이 없었다. 건축 헌금이 오기를 간절히 기도하며 눈이 빠지게 기다렸으나 감감무소식이었다. 1973년 2월 7일, 나는 서울행 직행버스에 올랐다. 난생처음 가는 서울 길이었다. 설 명절을 쇠러 왔다가 상경하는 큰형님과 함께 가는 길이라 두려움은 적었다. 다만 안 권사님을 만날 수 있을지 확신이 없어 초조했다. 창밖 풍경도 눈에 들어오지 않았다. 마음엔 기도 소리만 커졌다.

나는 형님과 함께 편지에 적힌 주소를 물어물어 찾아갔다. 다행히 쉬이 집을 찾았다. 권사님은 놀라면서도 반갑게 맞이해 주셨다. 그리고 왜 편지도 약속한 건축 헌금도 못 보내게 되었는지 자초지종을 말씀하셨다.

"나는 은밀히 건축 헌금을 보내려고 했어요. 그런데 담임목사님이 아시게 되어 중단하라고 …."

권사님은 말을 다 잇지 못하고 눈물을 흘리셨다. 서울 충현교회 김창인 목사님이 어떻게 이 헌금의 내막을 알게 된 것일까. 후일에 알게 됐는데 교단이 다른 모항교회에서 투서가 올라왔다고 한다. 투서 내용은 이러했다. 천리포교회 개척은 어른 교인도 없이 젊은 청년 몇 사람이 영웅심만으로 시작한 일인데, 그들에게 그런 큰돈을 맡기는 건 위험하다. 그보다 더 중요한 것은 합동 측인 충현교회가 통합 측 교회를 세우는 일은 합당치 않다는 것이었다.

우리 동네에서 모항교회에 다니는 피난민 몇 분이 있었다. 그분들은 우리에게 모항교회가 큰 교회이니 교적을 옮겨 더 많은 지원을 받자고 제안했다. 우리는 지원은 감사히 받겠으나 교단을 옮기는 조건에는 응할 수 없다고 했다. 그런 사정을 뻔히 알고 있어서인지 건축 헌금이 내려오지 않아 걱정하고 있을 때, 한 선배는 "태의야. 너희가 예배당을 세운다고? 그렇게 되면 내 열 손가락에 장을 지지겠다"고 까지 조롱했다. 이처럼 성전을 짓는 기간 동안 보이는 곳에서나 보이지 않는 곳에서나 시시때때로 시험이 왔다. 권사님 말씀을 듣노라니 말문이 막혔다. 잠시 후 권사님은 힘주어 말씀하셨다.

"나와 함께 당회장 목사님을 만나 뵙고 간청해 봅시다."

나는 권사님을 따라 충무로 4가에 있는 충현교회로 향했다. 돌로 지은 크고 웅장한 교회당이 서 있었다. 시골 촌놈이고 아직 어린 나는 그 위세에 내심 풀이 죽었다. 교단 최고의 권위자이신 김창인 목사님과 면담하려니 무척 떨리고 긴장되었다. 권사님과 함께 2층에 있는 목양실로 들어갔다. 풍채가 당당하고 위엄이 느껴지는 목사님이 들어오셨다. 목사님은 서론도 없이 말씀하셨다.

"젊은이, 얘기해 보시오."

나는 망설임 없이 답했다.

"저희는 우리 힘으로 성전을 세우려고 했습니다. 그런데 권사님께서 건축 헌금을 약속해 주셔서 땅과 건축 자재를 다 준비해 놓고 공사 시작만을 기다리고 있습니다. 만일 중단하면 주민들은 매우 실망하고, 주님의 영광이 가려질 것 같습니다. 우리는 작은 교회지만 만리포교회(통합)에 소속되어 지도와 도움을 받습니다. 교단을 옮기는 조건으로 지원금을 후원하겠다는 모항교회의 제안을 신앙적 양심상 받아들이지 못하겠습니다."

목사님은 내 얼굴을 잠시 바라보셨다.

"젊은이, 아래층에 가서 기다리시오. 권사님과 의논 좀 하겠소."

나는 아래층에서 간절히 기도했다.

'주여 도와주소서.'

곧 목사님이 내려오셨다.

"내가 오해했어요. 예수님 믿고 구원받는 것이지, 교단이 그리 중요하겠소. 10만 원으로 어찌 성전을 짓겠소. 15만 원을 가지고 가시오."

할렐루야! 나는 다음 날 건축 헌금 15만 원이 든 봉투를 품에 안고 천리포로 내려왔다. 우리 하나님은 합력하여 '10만 원이 15만 원으로' 충족되게 하시는 분임을 체험했다.

천리포교회 입당하던 날

1973년 2월 12일, 안 권사님이 주신 건축 헌금으로 태안 읍내에서 벽돌을 구입해 트럭으로 운반했다. 하지만 공사장까지 차가 들어오지 못해 벽돌을 모래동산까지 옮기는 과정은 그리 쉬운 일이 아니었다. 그때 감동스러운 역사가 일어났다. 동민 20여 명이 지게를 지고 나와 벽돌 운반 작업을 도와주셨다.

"우리 아이들이 다닐 교회당을 짓는데, 다 같이 동참합시다."

지경상 씨가 주민을 설득했다. 그분은 교회에 다니는 분이 아니었다.

그런데 같은 날 모항교회와 연관 있는 예비군 소대장이 모항교회 담임목사님과 함께 오셨다.

"어떻게 공사를 시작하게 된 것인가?"

추궁하는 것 같은 목사님 질문에 순간 감정이 복받쳐 올랐다.

"목사님, 저 충현교회 김창인 목사님을 만나고 왔습니다. 목사님께서 그러시더군요. 예수 믿고 구원받는 것이지, 교단이 뭐 중요하냐고요. 목사님께서 10만 원은 적으니 15만 원 가지고 가라 하여 받아왔습니다. 목사님 교회에서 보낸 편지 내용도 들었습니다. 목사님, 이제 더는 이 일을 방해하지 말아 주십시오. 저는 아직 믿음의 뿌리가 깊지 않은 청년이라 제 감정을 다스릴 수가 없습니다."

목사님은 당황하는 것 같았다.

"이제 더는 참견하지 않겠네. 잘해보게나."

약속대로 더 이상의 관여는 없었다. 2월 16일에 드디어 기초 공사를 마치고 성전 벽돌을 쌓기 시작했다. 모든 심부름과 건축 노동은 청년들이 맡아 봉사하고, 기술자 인건비만 지출했다.

50여 년이 지난 어느 날, 우연히 천리포교회 개척 일지를 보게 되었다. 1973년 2월 17일에 이렇게 써놓았다.

"오늘은 대보름날인데도 작업을 했다. 이상하게도 올해는 이상기온으로 날씨가 따뜻하여 시멘트 공사를 하는 데 지장이 없다."

1973년 3월 20일, 입당식을 했다. 천리포 바다가 내려다보이는 해변의 동산 위에 교회당이 우뚝 세워졌다. 우리 마을에서 제일 큰 건물이었다. 입당 예배 소식을 서울 안 권사님께 알리고, 동네 주민들과 인근 교회에도 초청장을 보냈다. 이 소식을 들은 안 권사님 가족은 입당식 전날 자가용에 빵과 선물을 가득 싣고 먼 길을 마다하지 않고 오셨다.

먼 곳에서 오신 손님들은 해변에 있는 민박집으로 모셨다. 이분들은 취객의 폭언을 들어야만 했다. 앞서 말한 그 예비군 소대장이 술에 취한 몇 사람과 함께 민박집 밖에서 난동을 피웠다.

"내일 입당식 할 때 예배당에 똥 세례를 퍼붓고 불을 지를 거다. 너희들 몽땅 다 태워 버리겠어. 그러면 너희가 순교자가 될 것 같으냐? 어림없지. 개죽음이야, 임마."

나는 죽는 것은 두렵지 않았다. 그러나 축하하려고 한달음에 달려온 권사님 가족에게 위협이 되자 너무나 미안했다. 그래도 내일 정말 불미스러운 일이 생기면 어쩌나 이런저런 걱정에 잠을 이루지 못했다.

3월 20일 오전 11시, 입당식을 예정대로 진행하였다. 바쁜 와중에도 조마조마한 심정으로 사람들을 맞이했다. 그런데 두 눈을 의심할 광경이 펼쳐졌다. 예비군 소대장님이 가족과 함께 예배당으로 들어오는 것이 아닌가. 그분은 간밤엔 술에 취해 과격한 언사를 퍼부었지만 과거 백령도에서 살 때부터 신앙이 있는 사람이었다. 모항교회와 연관이 있는 분으로서 천리포교회당을 짓는 일에 관심이 많았다는 사실을 알았다. 다만 자신의 뜻을 관철하지 못하자 거친 난동을 부린 것이다. 그분은 후일 천리포교회 첫 부흥회 때 큰 회개 체험을 하고,

천리포교회 초대 장로가 되었다. 그분이 바로 충남노회장을 지냈던 서광희 장로님이다. 천리포교회에 입당하던 날. 우리는 '하늘엔 영광, 땅엔 평화'를 생생하게 체험하였다.

교회학교 분교에서 기도처로

천리포교회는 교회학교 분교로 첫발을 내디뎠다. 집사 같은 직분을 맡을 사람은 물론 장년 성도가 한 사람도 없었다. 오직 청년들이 주체가 된 만리포교회 학교였다. 예배당을 건축하고 입당은 했으나 주일 예배를 어디서 어떻게 드려야 하는지 알지 못했다. 그때 당회장이신 이현 목사님께서 도움을 주셨다. 만리포교회 전도사님한테 양쪽을 담당하게 하셨다. 1부 예배는 전도사님이 맡으셨고, 아동부는 부장인 내가 인도했다. 나는 주일 오후와 수요 예배 때는 종종 전도사님을 대신하여 설교까지 했다.

사실 나는 신약성경도 다 읽지 못한 상태였다. 뒤돌아보면 무슨 말을 어떻게 선포했는지 무척 부끄럽다. 그러나 "하나님의 나라는 말에 있지 아니하고 능력에 있다"(고린도전서4:20)는 말씀과 "하나님은 친히 일을 행하시고 성취하시는 분이다"(예레미야33:2)라는 말씀을 체험하였다. 사도행전의 역사와 같은 표적과 이적도 나타났다.

의료시설이 전혀 없는 상황에서 아픈 분들이 기도할 때 나았다는 간증을 들려줬다.

1973년 4월 26일, 당회장 이현 목사님의 집례로 첫 번째 세례식와 성찬 예식을 했다. 9명이 학습을 받고, 1명이 세례를 받았다. 그 한 명이 나였다. 서리집사 직분도 함께 받았다. 특수한 상황 때문인지 청년인 나에게 직분을 주어 교회를 섬기게 하셨다.

1973년 8월 1일, 제1회 어린이 여름성경학교를 개최했다. 국용도, 이순혜, 서영자, 국봉임, 권영숙, 김영숙 그리고 나까지 반사 7명이 헌신했다. 성경학교엔 동리 어린이들이 거의 다 나왔다. 교회는 날로 부흥하여 장년 교인이 23명이나 되었다.

8월 5일, 서울의 안 권사님과 온 가족이 피서차 내려왔다. 함께 예배를 드렸다. 권사님은 그 자리에서 주물로 제작한 종과 종탑 경비를 헌금했다. 김진호 전도사님과 청년들은 앵글을 구입해 손수 제작한 종탑을 세웠다. 그리고 종을 달았다. 어려운 작업이었다. 그러나 매일 새벽 시간과 예배 30분 전에 "뎅그렁 뎅그렁" 울리던 종소리는 시간을 알려 주는 것은 물론 영혼을 깨우며 멀리멀리 울려 퍼졌다.

1973년 11월 1일, 호롱불이 아닌 형광등 전기불빛 아래서 예배드렸다. 중동전쟁의 영향으로 석웃값이 오르고 구하기도 힘들던 그 무렵, 천리포 수목원 박재길 씨의 도움으로 배터리를 구입하여 형광등을 설치했다. 난생처음 경험하는 형광등 불빛이 어찌나 밝고 환하던

지, 한껏 들뜬 채 예배를 드렸다.

1974년 1월 28일, 천리포 기도처에 첫 교역자가 부임했다. 만리포교회를 섬기던 김진호 전도사님이 우리 교회 담임으로 오셨다. 당시 천리포교회는 교역자를 모실 만한 형편이 되질 않았다. 사택은 증산회관에 붙어 있던 단칸방으로 모셨다. 살림 도구도 없지만, 놓을 공간도 없었다.

개척 일지를 읽어보니 너무 적은 생활비를 드렸다. 그래도 담임 전도사님이 오셔서 신나고 감사했다. 김 전도사님은 채 한 살이 되지 않은 아이도 있었는데, 그렇게 작은 방에서 적은 비용으로 어떻게 생활하셨는지 지금 생각해도 죄송한 마음뿐이다. 그때는 잘해드릴 여건도 안 되었지만, 철이 없어서 잘 살펴 드리지 못했다. 그런데도 전도사님은 열정적으로 교회를 섬기셨고, 천리포교회는 모 교회인 만리포교회보다 더 부흥해 갔다.

멍에 맨 4명의 친구

천리포교회 개척 과정에서 청소년 여러 명이 쓰임을 받았다. 여자부 청소년들의 활약과 헌신이 많았다. 오랜 세월이 흐르다 보니 그때 함께 한 친구들이 지금은 어디서 어떻게 살고 있는지 몹시 궁금하다.

그나마 남자 친구들 4명은 함께 보낸 시간이 많아서인지 한 명을 제외하고는 소식을 물으며 지낸다.

우리 넷은 막골에서 태어나 천리포 앞바다에서 물장구치던 소꿉친구다. 모항초등학교를 졸업했고, 모두 다 중학교에 진학하지 못했다. 가난 때문이었다. 상급학교에 진학하지 못한 우리는 겨울엔 산으로 나무하러 다니고, 봄가을엔 대후리로 고기를 잡으며 지냈다. 대후리는 그물로 물고기를 포위하여 해변에서 끌어내는 백령도의 전통적인 고기잡이 방식이다. 가을이면 전어가 떼로 몰려와 단번에 수십 가마니를 잡은 적도 있다. 그런 일을 우리 마을에서는 '벌창 났다'고 했다. 벌창이 났을 땐 동네 사람들은 구경만 해도 전어 한 바가지씩을 받아 갔다.

친구 넷은 만리포교회 중등 구락부에 함께 다녔다. 열심의 차이는 있으나 다 함께 교회에 나갔다. 천리포교회당 건축공사 땐 함께 지게로 모래를 날랐다. 산에서 나무를 베어 목도로 운반했다. 블록을 쌓을 땐 기술자를 돕는 조력자로 투입됐다. 교회학교 교사로서 어린이들을 가르치고 섬기는 일에도 세 친구는 열심히 봉사했다.

50여 년이 흘렀다. 군수영감이란 별명으로 불리던 김군서는 지금 미국 보스턴에 있는 예일대학교 식물연구소 원장으로 재직하고 있다. 그 친구는 나보다 더 어려운 가정환경에서 자랐다. 아버지를 일찍 여의고 의붓아버지 밑에서 자랐다. 천리포수목원에서 심부름하며 주경야독했다. 검정고시로 중등 과정을 마치고 방송통신대학을 졸업했다. 내 외사촌 여동생과 결혼하여 두 자녀를 두었다. 결혼 후 가족을 데리고 미국으로 유학갔다. 수년이 흘러 친구를 찾아갔을 때 대학원 과정을 마치고 시카고에 있는 식물원의 팀장이 돼 있었다. 후일 한국 에버랜드 식물조성팀장이 되어 귀국했다. 국내에 머물면서 우리 교회에 출석하며 함께 예배를 드렸다. 선한 일에 멍에 멘 자들에게 주시는 하나님의 축복을 생생하게 간증했다.

다른 친구 국용도는 천리포교회 장로로 시무한다. 나는 개척 초기에 앞장서서 일했지만 일정 기간 봉사하고 신학 공부를 하려고 교회를 떠났다. 국 장로는 50여 년이 지난 지금까지 한 교회를 한결같이 섬기며 충성하고 있다. 자타가 인정하는 천리포교회 일등 공신이다. 태안 시내에 살면서 새벽기도에 빠짐없이 출석한다. 자녀들을 모두 데리고 나와 주일 예배를 드린다. 국 장로의 신앙생활은 내 마음 판에 이상적인 장로의 모델로 자리했다. 국용도 장로는 조경업체 사장이 되었다. 천리포수목원에서 일했던 경험과 배움을 기반으로 묘목도 재배하고 조경도 한다. 우리 광남교회 건축 땐 손수 키운 소나무와 다른 조경수를 심어 주었다. 그 나무들을 볼 때마다 나는 친구를 생각한다.

세 번째 친구인 이순애는 사정이 조금 다르다. 친구는 천리포교회당을 지을 때까지 함께 멍에를 메었다. 힘이 장사여서 일을 잘했다.

그런데 입당 이후 교회에 출석하지 않았다. 그 친구가 고향을 떠난 이후부턴 명절 때조차도 만나지 못했다. 어느 해 추석, 고향에서 친구를 만났다. 지금은 성남에 살며 목수 일을 한다고 했다.

"친구야, 이제 다시 교회 나가자."

"그래야지."

머지않은 날에 그 친구도 다시 교회에 나가리라 믿는다.

사람은 젊었을 때에 멍에를 메는 것이 좋으니(예레미야애가3:27)

일을 행하시는 하나님

신앙생활 초창기 천리포교회 부흥회 때 일이다. 나는 17세 아가씨를 통하여 일하시는 하나님의 역사를 보았다. 부흥회가 끝나고 강사 숙소인 서 집사님 댁에서 강사 목사님을 기다렸으나 오시지 않았다. 집사님과 함께 교회로 가보니 국봉림이란 청년이 입신 상태로 드러누운 채 방언을 하고 있었다. 전도사님과 강사님은 지켜보며 기도 중이었다. 그런데 그 청년이 나와 함께 간 서 집사님을 향해 외쳤다.

"너 서광희, 왜 그리 교만해? 오늘이라도 너를 데려갈 수 있어."

당시 서 집사님은 예비군 소대장을 지낸 마을 유지였다. 그날 이후 놀라운 일이 생겼다.

"요즘 저의 남편이 이상해졌어요. 두문불출 방에서 무릎 꿇고 벌벌 떨면서 하나님 잘못했습니다. 하나님 살려 주세요만 외치고 있어요."

부인인 집사님 말에 따르면 서 집사님이 통곡하며 기도한다고 했다. 얼마 후 서 집사님을 통해 그때의 현상과 체험을 들었다.

"그 청년이 내게 벼락같이 나무랄 때 사택 벽에 걸린 예수님 초상화에서 강하고 밝은 빛이 나에게 비추자 숨이 막혀 당장 죽을 것만 같았습니다."

사실 그분은 개척 당시 큰 도움을 주었지만, 한편 힘들게 하는 분이었다. 하나님은 그런 방법으로 변화시켜 천리포교회 초대 장로가 되게 하셨다.

천리포교회는 서울의 어느 제지회사 땅에 무허가로 세운 예배당이었다. 당시 국가에서 '무허가 기도원' 철거령이 내려졌다. 어느 날 "철거당하지 않고 예배당 부지를 사게 해줄 테니 힘이 되는 만큼 헌금해 오라"는 연락이 왔다. 철거 담당을 맡은 분은 서울의 모 교회에 출석하는 집사님이었다. 천리포교회는 비록 무허가로 지은 건물이었지만 대한예수교장로회 충남노회에 정식으로 등록된 교회였다. 이 사실을 확인하고 회사 회장님께 철거하지 말아 달라고 간청하자 분할 매매를 허락한 것이다. 비록 분할 구입이라 할지라도 주식회사 땅을 매입하기란 천리포교회 형편상 불가능한 일이었다. 그러나 하나님은 친히 일하셔서 온 성도가 최선을 다하여 드린 아주 적은 헌금액으로 500평 대지를 구입하도록 인도해주셨다.

하나님은 누구신가. 하나님은 전지전능하시고 무소부재하시며 우주만물의 창조자로서, 지금도 자신의 뜻대로 섭리하시고 역사하시는 살아 계신 분이다. 그러므로 나라는 연약한 존재가 그처럼 위대하신 하나님과 어떤 관계를 맺어야 하는지 알고, 그것을 체험하며 사는 삶은 매우 중요하다. 나는 예수님을 믿고 영접하여 하나님의 자녀가 되는 권세를 받았다. 하나님의 자녀에게 주신 기도의 권세도 알게 되었다. 아버지와 아들의 관계 속에서 '나는 비록 약하나 주 예수는 강하다'는 찬송가 가사의 의미도 깨달았다. 예레미야의 말씀으로 하나님은 어떤 분인지 나에게 알게 해주셨다.

일을 행하시는 여호와, 그것을 만들며 성취하시는 여호와, 그의 이름을 여호와라 하는 이가 이와 같이 이르시도다. 너는 내게 부르짖으라. 내가 네게 응답하겠고 네가 알지 못하는 크고 은밀한 일을 네게 보이리라(예레미야 33:2~3절)

하나님은 우리를 죄에서 구원해 주실 뿐만 아니라, 이 세상 인간사의 모든 문제에서도 일을 행하시며 성취하시는 여호와임을 체험하도록 하셨다. 성 어거스틴은 한번 기도에 들어가면 긴 시간 동안 집중했다고 한다. 제자들은 무슨 용건으로 저리 오랜 시간 기도하실까 의문이 생겨 스승의 기도를 엿들었다. 스승의 기도는 의외로 단순했다. "하나님은 누구시며, 나는 누구입니까?"라고 반복적으로 질문만 하더란다.

사실 하나님을 알고 나를 안다면, 세상의 모든 것을 아는 셈이다. 하나님은 누구신가? '일을 행하시는 여호와, 그것을 성취하시는 여호와'이시다.

용서를 배우게 한 따귀 세례

큰형님 장례를 치른 후 집안 분위기는 뒤숭숭했다. 어머니는 눈물이 마를 날이 없었고, 아버지는 고통을 잊으려 술을 더 많이 드셨다. 둘째 형님 역시 힘들어 했다. 그런 와중에도 나에겐 하나님 나라의 위로와 소망으로 믿음이 커졌다. 가족들의 슬픔 속에서 나는 교회를 섬기는 일에 전념하며 기도했다. 반년의 시간이 지나고 어느 여름날 아버지는 내게 심부름을 보냈다. 우리 동네에 있는 처가를 방문한 큰형님 친구에게 다녀오라는 것이었다.

"오늘 저녁 아버님이 뵙자고 하십니다."

"알았네."

오겠다던 사람은 약속 시간이 지나고 날이 어두운데도 오지 않았다. 나는 다시 그 댁을 찾아갔다. 그런데 처남들과 동네 유지분들과 함께 만리포해수욕장으로 갔다는 것이었다. 나는 화가 났다. 우리 큰형님은 그렇게 세상을 떠났는데, 먼저 찾아와 위로는 못 할망정 어른과 약속을 하고 놀러 나갔다는 사실을 이해할 수 없었다. '이런 나쁜 놈이 있나. 형님과 하던 동업도 마무리되지 않았다고 들었는데.' 나는 곧바로 만리포로 달려갔다. 20여 분을 달려가서 그 일행과 마주했다.

"형님이 이럴 수가 있습니까? 아버지와 약속하고 왜 오지 않는 것입니까? 그러고도 우리 형 친구야?"

나는 큰소리로 따지며 대들었다. 그런데 내 말이 끝나기도 전에 누군가가 내 뺨을 후려쳤다. 어린놈이 큰형님뻘 되는 분에게 반말로 대들었다는 이유에서였다. 어둠 속에서 정신을 차리고 보니 그분은 내 친구 누님이자 큰형님 동업자의 아내였다. 그 순간 나는 치밀어 오르는 분노를 억제할 수 없었다.

그러나 대들 수도 없었다. 힘도 약하고 더구나 그분들은 모두 한 마을에 사는 어른들이었다. 혹 때려다가 혹 붙였다더니 울분을 토로하기 위해 갔다가 되레 따귀를 맞은 것이다. 나는 억울한 마음을 억누르며 돌아서야만 했다. 이 사실을 아버지가 알면 큰 싸움이 벌어질 것만 같았다.

　나는 한달음에 천리포교회로 달려갔다. 강대상 밑에서 한참을 울었다.

　'하나님! 이 억울함을 어찌해야 합니까?'

　밤새 울고불고 기도하는 중에 하나님의 음성이 들렸다.

　'너의 형님은 그 사람 때문에 죽은 것이 아니다.'

　사실 우리 집은 형님이 동업으로 인해 병이 났다고 의심했다. 그리고 하나님은 이 말씀을 떠오르게 하셨다.

　'참새 한 마리가 땅에 떨어지는 것도 하나님의 허락 없이는 되지 않는다.'

　이 일 또한 하나님의 섭리 안에 있다고 말씀하셨다.

　그런데도 나는 따귀 때린 자를 도저히 용서할 수 없다고 고집을 부렸다. 주님은 일만 달란트 빚진 자가 탕감받은 후 백 데나리온 빚진 자를 용서해 주지 않은 말씀을 떠올리게 하시면서, "네가 바로 하나님께 만 달란트의 원죄를 용서받지 않았느냐?"라고 물으셨다. 그리고 주님은 "네가 후일 주의 종이 되면 용서를 주제로 설교를 해야 할 텐데, 네가 용서하지 못한다면 어떻게 용서를 말하겠느냐?"고 말씀하셨다. 나는 미운 감정은 그대로였지만, 결국 주님 말씀에 굴복했다.

　'주여, 그들을 용서하겠습니다.'

그 후 몇 년이 흐르고 나는 신학생이 되었다. 둘째 형님이 결혼한다는 소식을 전해왔다. 형수 될 분이 따귀 때린 사람의 동생, 다르게는 내 친구 동생이자 2년 후배였다. 내가 만일 그때 용서하지 못했다면 형수로 받아들일 수 있었을까? 나는 그분을 마음 깊이 형수로 맞아들였다. 지금도 형수를 존중한다. 형수는 병환으로 오랫동안 누워계신 우리 어머니를 잘 섬겨 주셨다. 미장원을 운영하여 가난한 형님 댁을 잘 사는 집안으로 일궈 내셨다. 내가 신학교 등록금이 없어 힘들어 할 때도 기꺼이 도와주셨다. 현재 천리포교회 권사님으로 교회와 하나님을 잘 섬기고 있다.

감사할 일이 하나 더 있다. 내 아들 성훈이가 중국 유학 갈 때, 보증인 세 명이 필요했다. 형님께 부탁하자 자신의 동서, 즉 '따귀 때린 언니의 남편' 댁으로 나를 데리고 갔다. 남편 되는 분께 부탁하자 선뜻 신원보증서에 도장을 찍어주셨다. 그리고 그 누님이 주신 차를 받아 마셨다. 나는 따귀를 맞은 사건으로 믿음 안에서 처음으로 용서를 배웠다. 살아오는 동안 용서하는 자에게 주어지는 놀라운 은혜와 축복을 수없이 체험했다.

| 제 2 장 |

목회자로
훈련받다

형제들아 너희를 부르심을 보라 육체를 따라 지혜로운 자가 많지 아니하며 능한 자가 많지 아니하며, 문벌 좋은 자가 많지 아니하도다. 그러나 하나님께서 세상의 미련한 것들을 택하사 지혜 있는 자들을 부끄럽게 하려 하시고 세상의 약한 것들을 택하사 강한 것들을 부끄럽게 하려 하시며, 하나님께서 세상의 천한 것들과 멸시받는 것들과 없는 것들을 택하사 있는 것들을 폐하려 하시나니 이는 아무 육체도 하나님 앞에서 자랑하지 못하게 하려 하심이라.(고린도전서1:26-29)

큰형님의 죽음 앞에서

나는 1녀 3남 중 막내로 태어났다. 맏딸인 누이는 일찍 결혼하여 출가했고, 형님 두 분은 서울에서 살았다. 큰형님은 친구와 동업으로 TV 오퍼상을 했다. 명절 때 큰 형님이 내려온다는 편지가 오면, 부모님은 무척 기뻐하시며 진수성찬을 차리셨다. 간혹 내려오지 못한다는 소식을 들으면 집안이 초상집 같았다. 큰형님은 우리 집안의 희망이었다. 그 형님이 잘 풀려야 나도 서울에 올라가 공부를 하든지, 직장에 들어가든지 할 수 있었다. 부모님과 나는 형님 사업이 잘되기를 간절히 기도했다.

천리포교회당을 건축한 그해, 큰형님은 큰 병에 걸려 요양차 고향으로 내려왔다. 병명도 정확히 알지 못했다. 밤새도록 잦은 기침을 했고, 눕지도 못했다. 자식이 죽어가는 모습을 지켜보는 부모님 심정은 어땠을까. 철없던 나는 그것을 다 헤아리지 못했다. 주위 어른들이 뱀을 달여 먹이면 좋다고 했다. 나는 뱀은 물론 쥐 한 마리만 보아도 무서워했었다. 형님 병을 고친다면 뭔들 못하랴, 독한 마음을 먹고 뱀을 잡아 왔다. 아버지는 약탕기에 달여서 뱀탕이라는 사실을 속이고 형님에게 먹였다.

처음으로 뱀을 잡아 온 날 저녁엔 잠을 자지 못했다. 다리 밑으로 뱀이 오가는 것 같아 가위눌린 사람처럼 화들짝 놀라 잠을 깨곤 했다. 아버지는 나를 꼭 안아 주셨다. 천리포 앞바다의 깜장 굴을 따고, 여러 민간요법을 써보았으나 형님의 병환은 차도가 없고 병세는 깊어져 갔다. 다른 방법을 찾던 중 당회장이신 이현 목사님이 운영하는 수암산수도원으로 약혼자와 함께 가도록 했다. 이 목사님은 당시 침술로 수많은 사람의 병을 고친 분이셨다. 그곳에서 기도하며 요양하면 나을 것으로 기대했다.

그런데 3일째 되던 날, 비보가 날아왔다. 큰형님이 돌아가셨다. 나는 그 길로 서산에 가서 목사님과 함께 예산 삽다리(삽교읍)에 있는 병원으로 갔다.

"목사님, 이제 우리 천리포교회는 어찌 되는 걸까요?"

마을에서 제일 먼저 예수 믿고 예배당을 세워 교회를 시작했는데, 29세 나이로 형님이 세상을 떠났다고 하면 전도문이 막혀 교회 문을 닫게 되는 것이 아닐까 하는 걱정이 앞섰다. 그때 목사님께선 내 기억에서 평생 잊히지 않을 말씀을 하셨다.

"사람은 손해 볼지 모르나, 하나님은 절대로 손해 보지 않으실 거야."

큰형님의 장례는 천리포 집에서 치렀다. 3일 장으로 하면 발인날이 주일이라, 주일성수를 위해 4일장으로 치렀다. 4일장은 너무 힘들고 긴 시간이었다. 불신자인 집안 어른들은 도저히 이해할 수 없다고 핍박의 말을 쏟아냈다. 그런데도 4일장을 고집한 이유는 서울에서 내려와 천리포 별장에 머물던 충현교회 김현실 권사님(한독실업 회장 부인)의 말씀 때문이었다.

"주일날 장례하면 절대로 안 된다."

순종하는 마음으로 나는 부모님을 설득했다. 결국 주일에는 교회 당에 나가 예배드리고, 월요일에 장례를 치렀다. 큰형님 장례 이후 미신에 사로잡혀 지내던 어머니가 교회에 나오셨다.

"내가 그처럼 지극 정성으로 미신을 섬겼는데 이제 네가 믿는 하나님, 예수님을 나도 믿으며 살겠다!"

마을 주민들의 조롱과 핍박이 있었지만, 천리포교회는 날로 부흥 했다. 나는 형님 죽음 앞에서 인간의 연약함을 절감했다. 또한 그런 상황 속에서 죽음의 비애보다 교회의 부흥을 걱정했던 나 자신을 돌아보았다.

성서신학원에 들어가다

어린 시절 내 꿈은 제2의 페스탈로치다. 상급학교에 진학 못 하는 아이들을 가르치는 선생님이 되고 싶었다. 그러나 그분을 만난 후 꿈이 바뀌기 시작했다. 공부만 가르치는 일보다 영혼 구원과 사람됨의 길로 안내하는 일이 진정한 스승의 역할이라고 생각했다. 만리포교회 유경식 담임 전도사님의 헌신과 봉사는 무척이나 멋있었다. 목사가 되는 것은 꿈도 꿀 수 없었고 다만 성경을 배워 내가 만난 하나님을 전하는 복음 전도자가 되고 싶은 마음으로 가득 찼다. 때마침 천리포교회 김진호 전도사님이 나에게 성서신학원 입학을 추천해주셨다. 성서신학원 원장이자 당회장이신 서산교회 이현 목사님이 나를 부르셨다.

나는 덕산면 수암산수도원 안에 있던 충남 성서신학원에 입학했다. 막골 촌놈이 난생처음 고향과 가족을 떠나 유학길에 오른다 생각하니 선뜻 용기가 나지 않았다. 무엇보다 등록금 걱정이 앞섰다. 학원장목사님은 내 형편을 고려하여 수도원 농장에서 일하며 배우는 근로 장학생 혜택을 주시겠다고 했다. 그래도 내 마음속에는 망설임이 있었다. 그곳은 1년 전 큰형님이 요양 치료차 들어갔다가 3일 만에 돌아가신 곳이었기 때문이다.

하지만 다른 진로를 생각할 수 없던 나는 1974년 3월 충남성서신학원에 입학했다. 배움에 대한 열망이 고뇌를 뛰어넘게 했다. 학원에서 알선해 준 기숙사는 집사님 댁 사랑방이다. 벽지가 있는지 없는지 모를 정도로 낡고 너무나 추웠다. 산에서 나무를 해다 불을 때야 했다. 천리포에서 전도한 장애가 있는 지재부 형님과 함께 자취했다. 수업이 끝나면 나는 농장일을 했다. 간혹 거름통을 지기도 했다. 어느 순간 내가 이런 일을 하려고 신학원에 들어왔나 하는 생각에 설움이 밀려오기도 했으나, 한편으로는 일하며 배울 기회를 주신 하나님 은혜에 감사했다.

무사히 1학년을 마치고 2학년이 되었다. 그리고 학우회장을 맡았다. 학교 기숙사가 부족해지자 목사님이 사택에 딸린 방 한 칸에서 숙식하도록 배려해 주셨다. 몇 개월 후에는 원장목사님 댁 식탁에 둘러앉는 가족 같은 관계가 되었다. 원장님인 이현 목사님은 나를 아들이라 부르셨다. 목사님은 나의 은사일 뿐만 아니라, 믿음의 아버지로서 신앙과 인간의 도리 등 전반적인 삶의 영역에서 많은 가르침을 주셨다. 내가 닮고 싶은 롤모델이었다. 성서신학원을 졸업한 후에는 서울장신대학교 입학의 길도 열어주셨다.

성서신학원이 있는 수암산수도원은 정원이 정말 예뻤다. 뿐만 아니라 영성이 깃든 수도원으로 널리 알려져 있었다. 뒷산에 있는 기도동굴에서 목사님과 함께 자주 기도했다. 설교 연습 시간에는 예수님이 갈릴리호숫가에서 외쳤듯이 수암산 돌 강단에 서서 수많은 나무와 돌을 청중 삼아 큰 소리로 설교하는 훈련도 받았다. 그때 훈련을 제대로 받은 덕분인지 지금도 몸은 약골이지만 성대는 아주 강하다. 오랜 시간 목청 높여 설교하고 찬양할 수 있다.

충남성서학원을 졸업하던 날, 성경 말씀을 배우게 하시고 기도훈련을 받게 하시며 일을 행하신 하나님께 무한 감사기도를 드렸다. 그리고 큰형님이 이곳에서 죽은 일은 '땅에 떨어진 한 알의 밀알'이었음을 깨달았다.

하나님이 보내신 사람들

성경 말씀에는 천사에 관한 기록이 많다. 우리가 사는 세상엔 세 부류 천사가 있다. 경찰과 같이 감시자 역할을 하는 미카엘, 좋은 소식을 전하는 가브리엘, 공중 권세를 잡고 악한 일을 행하는 타락한 천사 루시퍼다. 나는 두 종류의 천사를 말하고 싶다. 바로 영의 천사와 인간의 천사다. 영의 천사는 분명 존재한다. 그렇지만 사람이 살아가는 지상에서 그 존재를 느끼거나 알아보기란 쉽지 않다. 신앙의 관점에서 이해하고 믿음으로 인정하면 된다. 우연이란 것은 믿음의 눈으로 해석하면 하나님께서 영의 천사를 통해 행하신 일이다.

인간 천사는 누구나 만날 수 있고, 자신이 천사가 될 수도 있다. 인간관계 속에서 주님이 주시는 마음이나 명령에 따라 순종하여 행할 때 우리는 인간 천사의 도움을 받고 또한 도움을 주는 인간 천사도 될 수 있다. 그래서 히브리서 기자는 '모든 천사들은 부리는 영으로서 구원 얻을 후사들을 위하여 섬기라고 보내셨다'(히1:14, 한글개역성경)고 기록했다.

나는 하나님을 만난 이후 많은 사람의 도움을 받았다. 후일 깨달고 보니 내게 도움을 주신 모든 분은 하나님이 보내신 인간 천사들이다. 성서신학원에서 근로 장학생으로 공부할 때, 나는 거름통을 지다 허리가 삐끗한 후부터 통증이 생겼다. 극심한 허리 통증은 점차 엉덩이와 다리로 퍼져가더니 급기야 앉아 있기조차 힘들었다. 나중에는 다리와 발가락의 감각이 없어지기 시작했다. 그때 원장목사님은 침술로 환자들을 치료해 주셨다. 목사님이 금침을 많이 놔주셨는데도 낫지 않았다. 오히려 악화하여 극심한 통증에 시달려야 했다.

새벽마다 간절히 기도했지만 끝내 걸을 수 없는 상태가 되었다. 꼼짝없이 기숙사에 누워 있었다. 달리 방법이 없어 나는 금식기도를 결심했다.

"하나님! 고쳐주시지 않으면 저는 이대로 죽겠습니다. 천국 가면 이 고통이 없어지겠지요."

다음날, 생각지도 않은 천리포교회 전도사님이 찾아오셨다. 내 상태를 보더니 왜 연락하지 않고 혼자 고생하고 있느냐고 나무랐다. 나는 부모님이나 천리포교회에 알리지 말아 달라고 당부했다. 마을에서 처음 예수 믿고 선지동산에 왔는데, 내가 이런 상태라는 소식이 전해지면 전도의 문이 막힐 것이 염려되었기 때문이다.

그런 상태에서 징병검사를 받았다. 서산 군청에서 검사를 받기 위해 원장목사님의 교회 사택에서 사모님의 간호를 받았다. 나는 둘째 형님께 업혀 징병검사장으로 갔다. 형님은 군의관에게 말했다.

"제 동생의 통증이 심하니 먼저 검사해 주십시오."

군의관은 진단서를 가지고 왔느냐고 물었다. 나는 기독병원에서 써준 메모 한 장을 내밀었다. 그 담당 군의관은 상태를 대충 살피더니, 종이를 내 던지며 버럭 화를 냈다.

"너 나쁜 새끼구나. 군대 안 가려고 이 병을 고치지 않았지?"

나는 울먹이며 대답했다.

"아닙니다. 저는 성서신학원의 고학생입니다. 큰 병원에는 가지 못하지만 침은 계속 맞았습니다."

그분은 한참 무엇인가 생각하더니 뜻밖의 말을 꺼냈다.

"너, 나한테 수술받아 볼래? 이 병은 내가 전문이다. 내가 3일간 이곳에 있는데 어떤 병원이든지 수술실을 제공하면 수술해 주마."

수술해 주겠다는 말에 귀가 번쩍 뜨였다. 그러나 당시 서산에는 마땅한 병원이 없었다. 그분은 편지 한 통을 써주시며 자신의 은사이신 성바오로병원의 신경외과 과장님을 찾아가라고 했다. 나는 찾아갈 수가 없었다. 몸을 움직이기도 힘든 상태일 뿐 아니라 병원비마저 없었다. 그런데 며칠 후 천리포수목원장인 칼 밀러 씨가 서울로 올라가는 길에 자가용 뒷좌석에 나를 눕히고 병원까지 이송해 주었다. 병원비까지 부담했다. 여러 달을 걷지 못한 나는 수술을 잘 받고 21일 만에 지팡이를 짚고 걸어서 퇴원했다. 주님 감사합니다. 내 평생 걸어 다닐 수만 있다면 늘 잊지 않고 복음을 전하는 천사의 발걸음을 이어가겠습니다.

천리포수목원의 칼 밀러 씨

1970년에 천리포수목원의 설립자 칼 밀러(한국명: 민병갈) 씨를 처음 만났다. 훤칠한 키와 오뚝한 콧날, 잘생긴 미국인이 주말만 되면 우리 동네 천리포에 왔다. 어느 날 친구네 집과 너른 논밭을 몽땅 샀다는 소문이 돌았다. 밀러 씨는 그 땅에 각종 식물을 심었다. 먹고 살기도 어려워 간신히 보릿고개를 넘기던 시절이라 주민들은 수군댔다.

"미친놈, 멀쩡한 전답에 뭔 나무를 심어?"

동네 사람들은 그의 행동이 못마땅하여 흉을 봤다. 그러면서도 자신들 땅과 집을 팔았다. 심지어 아버지도 우리 집과 밭 그리고 산까지 모두 수목원에 팔았다. 나는 그 매매대금으로 신학대학에 진학할 수 있었다. 밀러 씨는 이후 외국에서 각종 희귀한 식물들을 들여와 심기 시작했다. 나는 방학 때가 되면 수목원에서 나무 심는 품을 팔았다. 그때 심은 나무들이 수많은 방문객의 휴식처가 되었다.

밀러 씨는 천리포수목원 조성에 일생을 바쳤다고 해도 과언이 아니다. 수목원은 천리포 바다와 함께 태안군 일대 랜드마크가 됨으로써 아름다운 명소로 부상했다. 가난하게 살던 농가들조차도 정원수와 꽃을 심고 산다. 돌이켜보면 밀러 씨는 식물만을 심고 가꾼 것이 아니라 사람도 키운 분이다. 어쩌면 사람 농사를 더 많이 지었는지도 모른다. 그가 어려운 이웃에게 손을 내민 사례는 수없이 많다.

나는 고향을 떠나 성서신학원에서 근로 장학생으로 공부하다 허리를 다쳐 불구가 되어가는 상태였다. 그때 징병검사를 하는 군의관에 의하여 병명을 알게 되었고, 그분이 서울의 큰 병원에 가서 수술을 받도록 추천서를 써 주었다. 그러나 수술비를 감당할 수 없는 형편이라 입원하지 못했다. 그때 수목원 총무 박재길 씨와 천리포교회 지극상 장로님이 밀러 씨에게 나의 사정을 알리며 도움을 청했다.

"신태의 학생이 돈이 없어 병원 입원을 못한다고 합니다."

그 사실을 안 밀러 씨는 즉각 해결책을 마련해 주셨다.

"미스터 신이 그런 일을 당했어요? 나도 옛날에 그 병을 앓은 적이 있어요."

그분은 직접 차를 몰고 기숙사로 와서 서울 청량리에 있던 성바오로병원에 입원시켜 주었다. 그리고 병원비도 부담해 주셨다. 나는 3주간 입원하여 수술을 받고 퇴원한 후 지금까지 건강하게 산다.

밀러 씨는 또 수목원에서 심부름하며 일하던 내 친구 김군서를 키워주셨다. 친구 역시 나처럼 중학교에 진학하지 못했다. 나와 같이 만리포교회 중등구락부에서 공부를 시작했다. 그는 수목원에서 일하면서도 계속 공부하여 방송통신대학에 입학하여 학위를 취득했다. 밀러 씨를 통하여 식물에 관심을 두게 된 친구는 미국 유학을 꿈꾸고 있었다. 밀러 씨는 추천서를 써주며 유학길을 열어주었다. 친구는 처자식까지 데리고 미국으로 가 식물학 석 · 박사학위를 받고 시카고에 있는 수목원 팀장이 되었다. 몇 년 전에는 한국의 에버랜드에 식물 관계 팀장으로 왔다. 현재 그는 예일대 식물연구원장으로 근무한다.

밀러 씨는 많은 이들에게 직간접적으로 선한 영향력을 끼치며 사람을 살리고 키웠다. 마지막에는 수목원 전 재산을 사단법인화하여 자연 사랑을 기업 모토로 삼고 있는 유한킴벌리에 관리 운영을 맡겼다. 그는 2001년 수목원 뒷산에 잠들었다. 2021년 나는 이곳 수목원에서 발행하는 〈가든 레터〉 후원회원 기고문에 위와 같은 글을 쓰고 다음과 같이 명복을 빌었다.

"하늘나라에 계신 칼 밀러 씨. 한국인보다 더 한국을 사랑하셨던 한국인, 민병갈 씨. 아름다운 천리포수목원을 세워 주시고, 사람들을 도와주시고, 키워주셔서 감사합니다. 점점 더 아름다운 숲으로 변해가는 수목원을 바라보며 천국에서 편안히 쉬십시오."

약한 자를 택하사

병원에서 수술을 받고 퇴원한 나는 하늘을 걷는 기분이었다. 온 천하가 다 내 품에 들어오는 것 같았다. 무엇이든지 기도하면 하나님이 천사를 동원하여 일하여 주신다는 확신으로 가득 차게 되었다. 그리고 이 같은 놀라운 은혜를 주시는 그분을 전하고 싶은 마음이 불탔다. 그때 마침 나의 첫 전도 열매이자 친구가 된 김완성이 부탁을 해왔다. 자신의 고향 부석마을에서 전도 집회를 해달라는 것이었다.

그 친구는 지난날 천리포수목원에서 일하던 직원이었다. 내가 만리포교회에 다닐 때, 여자 친구를 소개해 달라고 해서 얄은꾀로 전도했다.

"교회 가면 예쁜 아가씨들이 많으니 함께 가자."

친구는 내 말을 믿고 교회에 나왔다. 시작은 여자 친구를 사귀기 위해서였지만 얼마 지나지 않아 진실한 신앙을 갖게 되었다. 후일 그 친구는 직장을 그만두고 고향으로 돌아갔다. 그리고 부모 형제들을 전도했다. 마을에는 교회가 없어 먼 곳에 있는 교회에 다니다가 지난날 천리포 청년들이 하던 것처럼 동네 창고에서 예배를 드렸다.

전도 집회 초청을 받은 나는 즉시 응했다. 나는 목사도 전도사도 아니었다. 하지만 내가 만난 하나님을, 하나님의 아들로 내 신분을 바꿔 주신 예수 그리스도를, 그리고 내가 체험한 은혜들을 간증하고 싶은 열정만은 누구보다 뜨거웠다. 이후 나는 그 친구를 오랫동안 만나지 못했다. 서울에서 신학생으로 공부하면서 교육전도사로 사역했기 때문이다. 그런데 얼마 후 하나님이 행하신 기쁜 소식을 들었다. 그 친구는 자신의 땅을 교회에 희사하여 예배당을 세웠고, 장로가 되었다. 친구 동생은 목사가 되어 감리교단 소속 교회를 섬긴다.

예수님은 갈릴리호숫가에서 어부들을 부르셨다.

"나를 따라 오너라 내가 너희를 사람 낚는 어부가 되게 하리라"(마태복음4장19절)

그들은 가난하고 연약하고 무지한 자들이었다. 후일 그들은 예수님의 제자가 되었다. 오순절 날 성령 충만을 체험한 이후에는 초대교회를 세우는 주역들로 쓰임받았다.

형제들아 너희를 부르심을 보라 육체를 따라 지혜로운 자가 많지 아니하며 능한 자가 많지 아니하며, 문벌 좋은 자가 많지 아니하도다. 그러나 하나님께서 세상의 미련한 것들을 택하사 지혜 있는 자들을 부끄럽게 하려 하시고 세상의 약한 것들을 택하사 강한 것들을 부끄럽게 하려 하시며, 하나님께서 세상의 천한 것들과 멸시받는 것들과 없는 것들을 택하사 있는 것들을 폐하려 하시나니 이는 아무 육체도 하나님 앞에서 자랑하지 못하게 하려 하심이라(고린도전서1:26-29)

오직 성령이 너희에게 임하시면 너희가 권능을 받고 예루살렘과 온 유대와 사마리아와 땅끝까지 이르러 내 증인이 되리라 하시니라(사도행전1:8)

신학교에 들어가다

이현 목사님의 추선으로 서울장신대에 입학했다. 서울장신대는 장로회신학대학 제2부라는 명칭으로 새문안교회 교육관에 있었다. 낮에는 안 권사님 큰 자제분 회사에서 근무하고, 밤에는 학교에서 공부했다. 비록 야간이지만 장신대 주간 교수들과 타 교단의 유명한 교수들이 출강하여 폭넓게 공부했다. 다양한 사회 경험을 가진 분들과 직장인 신분으로 공부하는 학우들이 많았다.

나 역시 뜨거운 신앙 열정을 품고 신학교에 입학했다. 그런데 신학 수업을 하면 할수록 머리는 열이 나고 가슴은 차가워졌다. 소화하기 힘든 과목들을 공부해야 했고, 신학 서적을 읽고 과제물을 제출하려니 성경 읽기와 기도 생활은 점점 멀어져 갔다. 어느 신학 교수의 홍해 바다를 갈대 바다라 하며 바다가 갈라진 것이 아니라 썰물로 물이 나갔을 때 건너갔을 수도 있다는 문서비평 강의를 듣다 보면 내 믿음이 흔들리고 의심으로 가득 차게 되는 경험도 했다. 그래서 목사님들은 이런 말로 풍자했다.

"신학교는 장로의 신앙심으로 들어갔다가 평신도나 의심자로 나오게 된다."

그러나 배움을 계속해 나갈수록 목사는 성경 말씀을 폭넓게 이해하고 해석하기 위해서 다양한 신학 이론은 물론 일반 학문도 배워야 한다는 사실을 깨달았다. 참된 신앙생활을 위해 가슴은 뜨겁고 머리는 차가워야 한다는 말도 비로소 이해되었다. 당시에는 산 기도와 은사체험 등이 지나치게 강조되거나 유행함으로써 잘못된 방향으로 나아가는 신앙인이 많았다.

서울장신대 선지동산에서 보낸 4년은 귀한 배움의 시간이었다. 좌우로 치우치지 않는 신학과 신앙심을 배웠다. 좋은 학우들을 만나 오늘날까지 교제하며 서로 돕는 동역자의 길을 걸어올 수 있어서 감사하다. 신학대학 합격자 발표날, 나는 학교 게시판 앞에서 김상철 목사를 처음 만났다. 우리 둘은 옆자리에 앉아 공부하며 친해졌다. 서로 어려운 주거 형편을 알게 된 후 홍은동 산자락에 있는 연탄창고 방에서 같이 자취를 했다. 함께 밥을 지어 먹고 함께 학교에 갔으며 늘 붙어 다녀서 쌍둥이란 별명도 붙었다. 우리는 자취하면서 단 한 번도 다툼이 없었다. 그 친구는 밥을 잘 짓고 나는 설거지를 잘했다. 내가 교육전도사로 봉사하던 새서울교회를 사임하고 송정교회로 부임해 갈 때, 나는 친구를 소개했다. 덕분에 친구도 새서울교회에서 첫 교육전도사 생활을 시작하였다.

서울장신대 졸업 후 42년이 된 지금도 가까운 곳에서 목회를 한다. 자주 만나 삶을 나누고, 목양을 의논한다. 큰 교회에 부임한 친구는 개척교회를 시작한 나에게 여러 차례 도움을 주었다. 광남교회당을 건축할 때 임금을 못 주는 상황이 되자, 그 친구는 조건 없이 수천만 원을 빌려주었다. 신학교는 신학 공부만 하는 곳이 아니라, 좋은 동역자를 만나 우정도 쌓을 수 있는 하나님이 주신 사랑방이다.

1980년 1월 17일, 서울장신대 졸업식을 영락교회당에서 했다. 그날 나는 교장이신 새문안교회 강신명 담임목사님께서 주시는 상장과 금일봉을 받았다. 배움이 모자란 시골 청년이, 집안에는 믿음의 조상이나 후원자도 없는 처지에서 졸업장 받는 것만도 황송한데, 전교학생회 봉사상을 받으니 기쁘고 감사했다. 졸업을 축하해 주러 오신 믿음의 아버지 이현 목사님과 믿음의 어머니 안윤진 권사님 그리고 어머님께 학사모를 씌워드렸다.

서울의 찬가

막골 촌놈이 서울에 있는 서울장신대에 입학하여 신학 공부까지

하다니 꿈만 같았다. 무척 설레는 한편 두려움도 컸다. 평생 시골에서 살던 내가 과연 도시 생활에 잘 적응할 수 있을까. 학문이 일천한 내가 신학 수업을 잘 감당해 낼 수 있을까. 등록금과 생활비는 어떻게 충당해야 할 것인가, 그리고 가장 큰 문제는 기거할 집을 마련하는 것이었다.

나는 부모님께 서울에 있는 신학대학에 입학하게 되었다고 말씀 드렸다. 아버지는 찬성하지 않으셨다. 아버지는 지난날 천리포교회를 개척할 때도 핍박의 말씀을 하셨다.

"예수가 밥 먹여 주냐? 남들은 배 타고 나가서 돈도 잘 벌어 오는데. 흐이그."

그런데 얼마 후 어안이 벙벙한 소식을 듣게 되었다.

"우리 집과 땅 전부를 천리포수목원에 팔기로 했다. 네 첫 등록금만은 대줄 테니 그리 알고 후일은 너 알아서 해라."

신학교 진학을 반대하시더니 등록금을 주셨다. 그렇게 신학으로 가는 첫 길목의 장애물을 기적적으로 넘었다. 다음 문제는 숙소였다. 가까운 친척도 없고, 방을 얻을 돈도 없었다. 안 권사님께 편지를 썼다. 답장이 왔다. 안 권사님은 무척이나 기뻐하시며 당신 집에서 기거하라는 소식을 보내 주셨다. 나는 어머니가 챙겨주신 이불과 짐 보따리를 들고 서울 유학길에 올랐다. 헌 이불과 안 권사님이 주신 가죽표지 성경, 졸업식 때 받은 국어사전이 첫 독립 살림의 전부였다.

안 권사님 댁은 전에 살던 단독주택이 아니라 충무로 세운상가에 있는 맨션아파트였다. 난생처음 접해보는 신식 집이었다. 그 무렵 아파트는 남산의 외인아파트와 그 아파트가 전부였다. 나는 서울의 대에 다니는 넷째 아들(현대아산병원 안세현 박사), 그리고 그의 형님과 한 방에서 지냈다. 식탁에서 한 가족으로 식사도 했다. 낮에는 큰아드님이 운영하는 회사에서 아르바이트하고, 밤에는 학교에서 공부했다. 권사님은 나를 주의 종이 될 자라 하여 지극 정성으로 대해 주시며 아들처럼 챙겨주셨다. 나는 과분한 사랑에 몸 둘 바를 몰랐다. 정말 과분한 대접에 감사하고 행복하고 죄송하기도 했다.

다른 한편으로는 불편함도 있었다. 시골의 뒷간 문화에 익숙하여 따뜻한 화장실 양변기에 앉으려니 너무나 어색했다. 일 년에 한두 번 먹던 쇠고깃국을 자주 먹으니 뱃속이 불편했다. 고기도 먹어본 사람이 먹는다고 했던가. 과분한 대접도 촌사람 몸은 받을 준비가 덜 된 모양이었다. 권사님과는 낯섦이 적었지만, 다른 가족을 대할 때는 자격지심에 피하고 싶을 때도 있었다. 어느 날 수련회를 마치고 집에 돌아와 보니, 시골에서 가져온 이불 보따리가 보이지 않았다.

"내 이불 어디 갔어요?"

도우미 아줌마에게 물었다. ㅇㅇ형이 보기에 좋지 않으니 치우라고 하여 베란다에 옮겨 놓았다고 하셨다. 순간 마음은 창피하고 서글

펐다. 안 권사님 댁은 대가족이었다. 그곳에서 계속 생활하기가 그리 쉬운 일이 아니었다. 나는 나 하나로 염치없지만 안 권사님 가족은 난데없는 객식구로 인해 모두 다 불편을 겪었을 것이다. 하지만 촌뜨기인 나에게 그 서울 생활은 호화로운 추억이었다. 6개월 후 권사님께 말씀드렸다.

"권사님 그동안 정말 감사했습니다. 이제 서울 생활에 적응했으니 독립하겠습니다."

권사님은 아쉬워하시며 학교 가까운 광화문 뒤편에 하숙집을 구해 주셨다. 고학하는 신학생으로서 과분하고 벅찬 하숙집이었다. 몇 달 후 같은 반 학우의 모친이 하숙집을 운영하는 것을 알게 되었다. 그곳은 대학 근처라 그런지 일반 대학생들이 많았다. 그들과 함께 교제하는 계기가 되었다.

신학교에서 서로 알아가다 보니 나보다 더 안 좋은 환경에서 기거하는 학우들도 적지 않았다. 얼마 후 신학교 입학 합격자를 발표하던 날, 처음 만난 김상철 친구와 홍은동 산자락에 있는 연탄창고를 개조한 방에서 자취를 시작했다. 주거 환경은 불편했지만 마음은 편안했다.

'새옹지마'의 은혜와 섭리

1976년 21세 때 영장이 나왔다. 허리 수술을 받은 지 3개월이 지나지 않은 때였다. 그러나 일단 입소해야만 했다. 말로만 듣던 훈련소는 군기가 살벌했다. 아직 훈련받기 전이라 그랬는지 자유롭게 행동하려는 훈련병들이 많았다. 조교들은 훈련생을 난폭하게 대했다.

어느 조교는 물을 빨리 마시지 않는다고 사람을 군홧발로 차기도 했다. 개도 밥 먹을 때는 건드리지 않는다는데, 어찌 물 마시는 사람 입을 걷어찰까 하는 생각에 하마터면 대들 뻔했다. 그러나 군대라는 현실이 의분도 용기도 사라지게 했다.

내무반에서 군기 잡는 점호는 두려운 시간이었다. 훈련병들은 긴장해서 그런지 기초적인 관등성명조차 정확하게 말하지 못했다. 그럴 때마다 매번 단체로 벌을 받았다. 나는 처음에는 함께 하다가 환자라 열외되었다. 옆에서 지켜보는 것만도 힘들었다. 디스크 수술 후 6개월이 지나지 않아 3일 만에 귀가 조치되었다.

6개월 후 다시 조치원훈련소 입소 통지가 왔다. 처음 훈련소에 입소할 때는 멋모르고 갔다. 그 안의 실태를 알고 다시 입소하려니 무척 괴로웠다. '혹독한 훈련을 감당할 수 있을까?' 하는 두려움이 나를 짓눌렀다. 훈련소는 그 전보다 규율이 더 엄격했다. 높은 분이 오더니 귀향 조치될지도 모르는 열외 환자 훈병들에게까지 삭발령을 내렸다. 나도 빡빡머리가 되었다. 군의관이 환자들 몸 상태를 물었다. 허리에 남아 있는 수술 자국을 보여주며 아직 회복되지 않았다고 말했다. 군의관은 이 수술을 받은 자는 군 면제 대상자라며 종합진단을 받으라 했다.

다음 날 나는 다른 환자들과 함께 훈련소 안에 있는 국군통합병원에서 종합검사를 받았다. 오랜 시간을 기다렸다. 저녁 무렵, 검사 결과를 발표했다. '훈병 신태의 병종.' 병종이란 병으로 인해 군 생활을 할 수 없는 장애인이라는 말이다. 그 순간 솔직한 나의 기분은 그리 나쁘지 않았다. 오히려 좋았다. 그러면서도 한편으로는 '나는 애국심이 부족한 자인가?' 하는 의구심과 하나님의 은총이니 감사해야 한다는 두 마음이 교차했다.

병종 판정을 받은 후, 빡빡머리로 서울행 열차에 올랐다. 사람들이 힐끗힐끗 쳐다봤다. 탈영병이나 교도소 출소자로 보는 것 같았다. 빡빡머리로 신학교에 가자니 너무 창피했다. 난생처음 가발을 쓰고 학교에 갔다. 학우들은 멋있어졌다고 놀렸다.

성서신학원에서 근로 장학생으로 일하다 다친 허리 때문에 많은 고통을 겪어야 했다. 그러나 그 일로 병종 판정을 받아 군 복무 면제를 받았다. 30세란 이른 나이에 목사 안수를 받고, 31세에 광남교회를 개척했다. 수술로 인한 후유증으로 고생도 적잖이 했다. 약함을 보완하고자 꾸준히 허리 강화 운동을 하여 지금은 더 건강한 상태가 되었다.

모든 일이 합력하여 선을 이루게 하시는 하나님, 찬양합니다.

우리가 알거니와 하나님을 사랑하는 자 곧 그 뜻대로 부르심을 입은 자들에게는 모든 것이 합력하여 선을 이루느니라(로마서 8:28)

대학원 시험에 떨어지다

우리 교단 학제는 신학 본과 4년을 졸업하면, 장신대학원 연구 과정에서 1년을 더 공부해야 한다. 자취하는 친구와 함께 시험공부를 하고 새벽기도회에 나갔다. 합격자 발표를 하는 날, 친구와 함께 학교 게시판 앞에 섰다. 친구의 수험번호는 있는데, 내 이름은 보이지 않았다. 떨어졌다. 하늘이 무너지는 기분이었다. 믿기지 않았다. 신학 4년 동안 학업 성적이 나쁘지 않았는데, 나보다 실력이 좋지 못한 학우들도 합격한 것 같은데, 왜 나는 떨어진 것일까?

떨어진 게 현실이라는 사실을 인식하자 밀려오는 고통은 더 감당하기 힘들었다. 무엇보다 창피하고 부끄러웠다. 친구들 얼굴을 대하기가 두려웠다. 사방에서 나를 흉보며 수군대는 것만 같았다. '학우회 총무 일한다고 으스대더니, 꼴 좋다'고 하며 조롱하는 것만 같았다. 나는 어딘가 아무도 없는 곳으로 피하고 싶었다. 차라리 무인도로 도망가고 싶었다. 어찌할 바를 몰라 방 안에 틀어박혀 기도하려 했지만, 기도가 될 턱이 없었다.

학교 교무과에서 연락이 왔다. 장신대 목회학과 2학년으로 편입은 가능하다는 것이었다. 순간 친구들은 3학년 졸업반인데 나는 2학년 이라 생각하니 자존심이 상했다. 1년 재수를 할까, 아니면 그냥 2학 년으로 편입할까, 나는 기도하기 시작했다. 그때 주님은 용기와 긍 정적인 소망을 주셨다. 남보다 학문이 부족한 내가 1년을 더 공부할 좋은 기회가 아닌가. 군대를 면제받은 나는 다른 친구들보다 3년을 벌었다. 목사 안수는 먼저 받겠다는 희망이 생겼다.

나는 1980년 3월, 장로회신학대학원 목회학과 2년에 편입했다. 처음엔 좀 창피하고 부끄러웠다. 학교 기숙사에 들어가서 자취를 하 지 않아도 되었다. 학교 규율에 따라 매일 새벽마다 참석해야 하는 경건한 생활(새벽기도회)은 처음엔 몹시 힘들었다. 하지만 나의 신앙 생활에서 좋은 습관을 기르는 계기가 되었다. 기숙사생들은 새벽기 도회 때 신학생들과 교수님 앞에서 설교했다. 나는 그때 '4개의 십자 가'란 제목으로 설교했다.

"오늘 새벽 설교 참 좋았어요."

학우들이 내게 엄지척을 건넸다. 그날 새벽기도회에 참석하신 박 창환 교수님도 칭찬하셨다. "학생, 오늘 설교 참 신선했어요."

장신대에서도 학교생활은 잘 적응했다. 그러나 신학대학보다 비싼 등록금은 큰 부담이었다. 교육전도사로 받는 적은 사례금으로 숙식은 해결했지만 등록금은 감당할 수 없었다. 그런데 하나님은 여호와 이레의 은총을 예비해 놓으셨다. 그해 여름, 전 교인 여름 수련회를 가평에 있는 대성초등학교로 갔다. 나는 전체 계획을 세워 진행했다. 수련회를 마친 주일 날, 본 교회 계웅 장로님이 잠시 만나자고 하더니 자신의 간증을 털어놓으셨다.

"전도사님, 저는 이북에서 혈혈단신 피난 온 사람입니다. 라이온스클럽 도움으로 연대 수학과를 졸업했습니다. 그 은혜를 갚고자 매년 본교에 장학금을 기증해 왔습니다. 이번에 수련회에서 특히 미래 장례 의식을 통하여 관 속에서 내 삶의 실상을 깨닫고 운동장 한가운데서 한없이 눈물을 흘리며 회개 기도를 드렸습니다. 이제 앞으로는 일반 대학생보다 신학생을 도우려 합니다."

그 후 장로님은 형편이 좋을 때나 어려울 때나 거르지 않고 등록금을 감당해 주셨다. 계웅 장로님은 사업장에 매달 나를 설교자로 불러 직장예배를 드렸다. 시간이 많이 흐른 후에도 개척교회 목사의 어려움을 아시고 물질적 도움을 아끼지 않으셨다. 수십 년이 지난 지금 그때를 돌이켜보면 시험에 떨어진 일은 결코 부끄럽지도 해롭지도 않은 일이었다. 오히려 더 많이 배우고, 훈련받는 기회였다.

"계웅 장로님. 고맙습니다."

아가페 사랑을 경험하다

서울장신대 3학년 때 나는 학우회 총무로 봉사했다. 총무를 하다 보니 총무과장님과 친숙하게 되었다. 어느 날 과장님은 성동구에 있는 송정교회 교육전도사로 나를 추천해 주셨다.

"학생회 총무로 수고하여 주는 선물이야."

큰 기대를 품고 송정교회를 찾아갔다. 설레는 마음과는 달리 교회당은 그리 크지 않았다. 빨간 벽돌로 지은 낡은 건물이었다. 최유환 담임목사님을 만나 인사를 드렸다. 목사님은 경상도 사투리에 무뚝뚝한 표정과 말투로 대해 주셨다. 나는 생각이 복잡해졌다. 내가 마음에 안 드시는 걸까. 본래 성품 때문일까. 만일 목사님이 부임하라 하면 나는 어찌해야 할까. 고민스러웠다. 사실 지금 섬기는 교회보다 좀 더 나은 곳을 원했다. 학교 총무과 추천을 받아 갈 바에야 이왕이면 전통 있는 큰 교회로 부임하여 많은 것을 배우고 싶은 욕심이 있었다.

1978년 11월 첫 주일에 나는 송정교회 교육전도사로 부임했다. 아동부와 중고등부를 맡아 설교하고, 주일 오전 11시 예배 전에는 장년부 통일 공과까지 지도했다. 교육전도사지만 준전임 같이 여러 사역을 감당했다. 당시 교회 대부분이 그랬지만 금요일 심야 기도회를 참석하여 새벽 4시까지 기도하고 토요일엔 중고등부 모임을 지도하고 설교했다.

몸은 힘들었으나 나름 즐겁게 사역했다. 청년들이 많아서 좋았다. 더 좋은 일은 무뚝뚝해 보이는 담임목사님의 따뜻한 사랑과 섬김이었다. 목사님은 사택 2층 방을 내주시며 토요일은 그곳에서 자고 주일 사역을 하도록 배려해 주셨다. 기름값이 금값이던 시절 보일러를 미리 돌려 빈방을 따뜻하게 데워주셨고 정갈한 이부자리를 깔아 주셨다. 목사님은 중고등부 토요모임이 끝나면 사모님과 함께 밥상을 차려 놓고, 아이들을 보내거나 때로는 친히 교회당으로 오셔서 "신전도사 빨리 와서 밥 묵으라" 하며 챙겨주셨다.

나는 목사님 두 자녀와 함께 한 상에 둘러앉아 식사할 때 초기에는 좀 어색했지만, 시간이 흐르면서 한 식구처럼 익숙해졌다. 주일 저녁 예배를 마치면 목사님 사택에서 잠을 자고 아침 일찍 일어나 벧엘성서 공부를 위해 나가야 했다. 목사님은 사모님께 쉬라 하시고 손수 아침밥을 챙겨주셨다. 가난한 신학교 기숙사생이 누리는 최고의 식탁이고, 행복한 시간이었다.

목사님은 내가 결혼할 때 중매쟁이를 세워 주셨다. 나는 같은 교회에서는 연애하거나 결혼하지 않겠다고 스스로 다짐했다. 사랑하는 연인이 생기니 그 마음은 쉽게 무너지고 말았다. 어느 날 나는 목사님께 이실직고했다.

"목사님, 저 중등부 교사 임명옥 청년과 결혼을 약속했습니다. 목사님이 중매한 것으로 발표해 주십시오."

목사님은 흔쾌히 허락하시고 대신에 계웅 장로님을 중매자로 발표해 주셨다.

1982년 1월 30일, 최 목사님의 주례로 결혼예배를 드렸다. 송정교회 성도님들은 사랑의 수고로 성대하게 결혼잔치를 준비해 주셨다. 결혼하고 신혼여행을 떠나는 날이 송정교회에서 지내는 마지막 날이 되었다. 곧바로 고척교회 전임전도사로 부임하기 때문이다.

1985년 광남교회를 개척하고 담임목사가 된 후, 교육전도사 여러 명이 우리 교회를 거쳐 갔다. 그럴 때마다 아내는 멀리서 오는 전도사들의 토요일 저녁과 주일 아침을 챙겨주었다. 차려 놓은 밥은 식어 가는데 빨리 오지 않을 때면 속상하기도 하고 은근히 짜증이 났다. 그때마다 나에게 밥을 챙겨주시던 최유환 목사님의 따뜻한 사랑과 섬김이 떠오르곤 했다. 덕분에 더 잘 섬기는 노력을 할 수 있었다.

지금은 천국에 계신 최유환 목사님, 그리고 생존해 계신 사모님, 배려와 사랑을 배울 수 있게 해주셔서 감사합니다.

송정교회에서 만난 귀인들

송정교회는 학교 총무과장님 추천으로 간 교회다. 솔직히 원하는 교회는 아니었다. 다른 이유는 없다. 단지 큰 교회에서 멋지게 사역하고 싶은 마음이 컸다. 그것은 하나님의 뜻이 아니고 인간 신태의의 계획표였다. 덕분에 나는 송정교회에서 여러 귀인을 만났다.

첫째는 최유환 담임목사님이다. 목사님은 겉으로 볼 땐 무뚝뚝하고 퉁명스럽지만 깊은 사랑과 자상함으로 친히 섬김의 도를 보여주셨다. 말보다 행함이 얼마나 중요한가를 깨닫게 하시고, 평생 길잡이가 되어 주셨다.

두 번째는 계웅 장로님이다. 장로님은 장신대 등록금을 도와주셨다. 사업이 어려울 때도 하나님과 한 약속을 지키려고 계속 보내셔서 무사히 신학대학원을 졸업할 수 있었다.

잊을 수 없는 세 번째 만남은 오필승 목사님과 목사님의 어머니다. 장신대 졸업을 앞두고 나는 기숙사에서 나와야 했다. 2월에 고척교회로 부임하지만, 아직 이사 갈 집은 마련되지 않아 거처할 곳이 없었다. 이 사정을 안 오필승 청년 어머니께서 흔쾌히 허락하셔서 그 댁에서 기숙하게 되었다. 어려운 살림에 온종일 힘든 일을 하시면서도 아들이 다니는 교회 전도사라는 이유만으로 정성 어린 음식을 차려주셨다. 어머님의 손길은 마치 사브라 땅 과부의 섬김을 연상케 했다. 오필승 청년은 후일 나와 같은 신학교를 졸업하고, 현재는 충남노회에서 '마을 목회의 모델 강사'로서 귀하게 쓰임받는 목사가 되었다.

은밀한 사랑으로 격려하며 도와주신 권사님들도 빼놓을 수 없다.

예배를 마치고 나서 교역자들과 악수를 나눌 때, 내 손에 버스 토큰을 쥐어주신 권사님들의 사랑을 잊지 못한다. 예수님의 따스한 사랑을 받고, 또 그 사랑을 배우게 하셨으니 내게는 스승과도 같은 만남이었다.

송정교회에서 최고 소중한 만남은 임명옥 중등부 교사를 만난 일이다. 은사님들은 "목회자는 3가지를 삼가 조심해야 한다"고 말씀하셨다. 그것은 돈과 명예와 여자다. 특히 미혼 전도사들은 교회 안에서 여자 청년들과 관계가 깨끗해야 한다고 강조했다. 연애한다는 소문이 교회에 퍼지면 본인은 물론 교회에 큰 해를 끼치게 되니 구설에 오르지 않도록 삼가 조심하라는 당부를 누차 들었다. 나 역시 몸담은 교회에서는 절대로 연애하지 않으리라 다짐했다. 이성의 성도는 남녀 구분 없이 대하고 오직 사역의 동역자로만 생각하며 교회 일에 집중했다.

그런데 장신대 대학원 졸업을 한 학기 앞두고 결혼에 관심이 생겼다. 기도하기 시작했다. 전임전도사로 나가려면 총각으로는 불리하기 때문이기도 했다. 그해 중고등부 여름 수련회를 나갔다. 임명옥 선생이 학생들과 어울리는 모습이 특별하게 눈에 들어왔다. 임 선생은 특히 아이들 말을 잘 들어 주었다. 나는 평소 조건보다 사모 역할에 적합한 성품을 지닌 배필을 찾겠다고 생각했다.

그때부터 임 선생이 내 눈에 자주 보이기 시작했다. 아니 자꾸만 보고 싶어졌다. 임 선생님의 장점이 자꾸만 생각났다. 네비게이토 성경공부반에 들어간 임 선생은 말씀으로 점점 새롭게 성장했다. 그럴수록 내 마음엔 갈등과 고민이 깊어졌다. 같은 교회에서는 절대 결혼하지 않으리라고 다짐했는데, 만일 연애하다가 소문이 나거나 교회에 해를 끼치게 된다면 어쩌나. 고백했다가 거절당하면 어떻게 한 교회에서 사역할 수 있을까. 아예 포기해야 하나. 무조건 도전해 볼까. 두 마음이 교차했다. 누구와 먼저 의논해야 할까. 그래, 그분이 있었지. 난 최고의 상담가 하나님께 기도했다.

콰이강의 다리

장신대 졸업을 앞두고 결혼을 더 구체적으로 생각하였다. 결혼해야 전임(심방)전도사로 부임할 수 있었기 때문이다. 좋은 배필을 만나려면 구체적으로 기도해야 한다는 말을 들어서 기도하기 시작했다.

그해 여름수련회를 마치고 휴가차 고향을 다녀왔다. 담임목사님이 갑자기 주일 오후 예배 설교를 하라고 명하셨다. 나는 영문도 모른 채 순종하는 마음으로 설교했다. 한 주가 지난 월요일에 난데없이 선보러 가자고 말씀하셨다. 알고 보니 지난 주일 오후 예배 때 선볼 여인의 모친과 오빠가 와서 나를 지켜보고 간 것이었다. 당황스러웠다. 목사님이 소개하는 여인은 어느 큰 교회 목사님 장녀로 음대를 졸업했고, 피아노를 잘 친다고 했다. 나보다 조건이 좋았다. 나는 솔깃했다. 내 기도가 이렇게 빨리 응답받게 되는가. 들뜬 마음으로 목사님을 따라나섰다.

맞선은 주로 다방에서 보던 때였다. 그런데 목사님은 그 교회 당회장실로 들어가셨다. 그곳엔 선볼 여인은 없고 선볼 여인의 부친인 담임목사님만 계셨다. 목사님 인상은 마치 우리 아버지와 같았다. 호감이 갔다. 인적 사항을 몇 마디 물으신 후 사택으로 담임목사님과 함께 따라갔다. 사택에는 진수성찬이 차려져 있었다. 목사님들이 대화를 이끌어 가셔서 우리는 정작 몇 마디도 나누지 못했다.

다음 주간에 데이트를 했다. 그 후에도 만나 대화를 나누었다. 그런데 헤어져 집에 오면 또다시 만나고 싶은 열정이 생기지 않았다. 특별한 흠결이나 문제는 전혀 없었다. 그런데도 가슴 뛰는 감정은 일지 않았다. 나는 고민스러웠다. 계속 만나야 하나, 여기서 끝내야 하나. 목사님이 소개한 분이고 하나님이 기도 응답으로 주신, 내게는 과분한 배우자였다. 그런데 왜 이처럼 망설이게 될까. 내가 하나님이 주시는 최상의 복을 놓치는 것은 아닌가. 그러나 지금 같은 심정으로 사랑 없이 결혼한다면 결혼생활을 잘 이어갈 수 있을까.

나는 기도원에 올라가 기도했다. 하나님은 나에게 결단할 깨달음을 주셨다. 첫째, 사랑 없는 결혼은 잘못이다. 둘째, 포기가 힘든 이유는 그 여인이 아니라 조건 때문이다. 그동안 가진 것 없지만 하나님께서 도와주셔서 여기까지 왔다. 이제 졸업을 눈앞에 두었는데 무엇을 두려워하느냐?

나는 편지를 썼다.

"나는 당신의 가정형편에 비하면 너무 기웁니다. 배움도 부족하고 집안의 기대를 감당할만한 사람도 못됩니다. 그동안 여러 번 만났다는 의무감 때문에 결혼해야 한다면 모르겠지만, 여기서 중단했으면 좋겠습니다."

며칠 후 목사님이 학교 기숙사로 찾아오셨다. 목사님은 부드럽게 말씀하셨다.

"그렇게 편지 한 장으로 끝내려 하면 어찌 하나. 일단 만나서 대화를 더 해보면 어떨까요?"

며칠 후 다방에서 그 여인을 만났다.

"난 당신과 만난 것이 첫선이었습니다. 편지 속의 내용은 저의 진솔한 결론입니다. 저를 미워하지 마시고, 서로를 축원해주며 헤어지고 싶습니다."

"전도사님의 진솔함을 이해하며 받아들일게요."

나는 마지막으로 영화를 보러 가자고 제안했다. 그날 본 영화는 '콰이강의 다리'였다.

나의 영적 멘토

장신대 졸업을 앞둔 내겐 큰 기도 제목이 있었다.

'하나님, 전임전도사 자리가 열리게 해주세요.'

간절히 부르짖어 기도했다. 다른 학생들은 목사나 장로 아버지 소개로 부임이 결정되었다는 소식이 종종 들려왔다. 난 의지할 곳이 없었다. 나도 그들처럼 쉽고 빠른 길을 가게 해달라고 기도했다. 그러던 차에 고향인 천리포에 갔다가 천리포교회를 섬기고 계신 유재용 전도사님께 들렀다. 대화 중에 유 전도사님은 지난번 천리포교회 부흥강사로 왔던 고척교회 김제건 목사님을 찾아가 보라고 권했다.

나는 서울에 올라오자마자 고척교회를 찾아갔다. 당시 그 교회는 서울 서남노회에서 제일 큰 교회였을 뿐만 아니라, 신학생들이 가장 시무하고 싶은 교회였다. 특히 담임목사님은 인격자로 소문이 자자했다. 게다가 지방에 있는 어려운 교회를 많이 돕는 교회였다. 천리포교회 유 전도사님 역시 고척교회 지원을 받고 있었다.

나는 하나님께 간절히 기도하고 고척교회를 찾아갔다. 목사님은 조그마한 키에 너무나 수수한 차림을 하고 계셨다. 담임목사님을 사찰 집사로 오인하는 경우가 종종 있다고 했다. 유재용 전도사님 소개로 왔다고 인사드리자 목사님은 친절하게 우리 교회가 전도사 두 명을 구하고 있으니 이력서를 넣어 보라고 하셨다.

나는 즉각 이력서를 냈다. 동기인 신봉우 전도사와 함께 면접을 치렀다. 드디어 기도가 응답을 받는다 생각하니 가슴이 벅찼다. 그런데 11월이 지나 새해가 다가오는데도 당회를 하지 않았다는 소식만 들릴 뿐 가부 간의 연락은 오지 않았다. 초조했다. 다른 교회를 알아보는 것도 시기를 놓친 상태였다.

12월 중순, 전임전도사로 청빙이 결정되었으니 2월 첫 주일 부임하라는 연락이 왔다. 단 결혼하고 부임하라는 단서가 붙었다. 나는 결혼을 약속한 임명옥과 1월 30일 부랴부랴 결혼예식을 올리고 2월 첫 주일 부임했다.

김제건 목사님은 소문대로 생활이 소박했다. 오직 교회만을 위하여 사는 분이었다. 평양 출신인데 6. 25 전쟁 때 인민군으로 내려왔다가 포로가 되었고, 후일 국군이 되어 상이용사가 되었다. 남한에서 혈혈단신이던 목사님은 오직 하나님 아버지만을 의지한 삶에 대한 간증 설교를 하셨다. 나는 그때마다 은혜를 받았다. 부흥사경회 때 은혜받은 나는 회개의 마음을 목사님께 말하지 않고는 견딜 수가 없었다. 조심스럽게 고백했다. 목사님은 지난날 당신도 그런 회개를 했다며 따뜻하게 품어 주셨다.

목사님은 부교역자들을 인격적으로 대우했다. 교회의 성장보다는 성숙을 늘 강조하셨다. 당시는 자기 교회만의 양적 성장을 위하여 경쟁하던 시절이었다. 목사님은 애써 교회 차량을 운행하지 않앞다. 오히려 교회에서 먼 곳의 한 교구를 떼어 부교역자 출신을 담임목사로 세워 분립교회를 세워 주셨다. 목사님은 양적 성장을 위한 무리수를 두지 않았다. 스스로 권위를 내세우지 않는 목사님의 겸손한 행보는 어떤 권위보다 빛났다. 부교역자들끼리 비교도 하지 않았고, 전도 숫자 경쟁도 시키지 않았다. 심지어 부교역자들에게 "여기는 당신들의 주 목회지가 아니니, 좋은 담임목회 자리가 나면 언제라도 나가라"라고 말씀하셨다. 주변에서 담임목사 구하는 자리가 나면 부교역자들을 소개하여 여러 교회에 부임하도록 길을 열어 주셨다.

1984년, 고척교회는 대만의 좌잉교회와 자매결연을 맺었다. 해외여행 여권이 잘 나오지 않던 시절임에도 부목사들의 여권 발행을 도와주셨다. 목사님은 견문을 넓히는 기회라며 2주간 휴가를 주셨다. 우리는 해외 경험이 많은 인솔 장로님과 함께 대만, 홍콩, 일본을 최소한의 경비로 여행하였다.

목사님은 65세에 조기 은퇴하셨다. 당신의 그림자 없이 후임 목사의 평안한 목회를 위하여 미국으로 가셨다. 먼저 그곳에 이민 간 고척교회 출신 교우들의 요청으로 선한사마리아교회를 개척하여 큰 교회로 키우는 데 헌신하셨다. 목사님은 은퇴 후 미국에 계실 때에도 메신저를 통해 자주 소통하며 목회의 지혜와 신앙 성숙에 도움이 되는 귀한 말씀을 전해 주셨다. 목사님의 올해 연세는 95세다. 아직도 정정하시며 총명한 지혜로 후배들을 위하여 기도하시고 멘토로서 상담을 받아 주신다.

신혼생활의 행복

1982년 1월 30일 송정교회에서 결혼식을 마친 우리는 처가댁 교회를 뒤로하고 고속버스를 타고 신혼여행을 갔다. 첫날만 호텔에서 묵고 다음 날은 산장여관으로 옮겼다. 비용을 생각해서였다. 아내와 나는 코트와 정장 구두를 신고 흔들바위 등산길에 올랐다. 날씨는 몹시 추웠다. 아내는 발이 아파 힘들어 하는 것 같았다. 지금 생각해 보면 그때 왜 그렇게 신혼여행을 강행했는지 어설픈 청춘이 아쉽고, 특히 아내를 볼 낯이 없다.

2월 첫 주일, 고척교회 전임전도사로 부임했다. 고척교회는 노회에서 가장 크고 사랑이 넘치는 교회였다. 아직 부임도 하지 않은 전도사의 결혼식에 몇 분의 장로님과 부장 집사님들이 친히 오셨다. 교회에서 생활을 시작했을 때는 갓 결혼한 신혼부부를 여러모로 배려해 주셨다. 그러나 교회 사택이 따로 없어서 거처할 곳을 얻어야 했다. 교회 근처 서림아파트에 방 한 칸을 얻어 전세로 들어갔다. 보증금이 150만 원이었다. 가난한 신학생인 나는 전세보증금이 한 푼도 없었다. 시골 형님이 어려운 형편 속에서 어떻게 마련하셨는지 100만 원을 보내 주셨다. 나머지 50만 원은 송정교회 담임목사님이 이자 돈을 주선해 주셨다.

학교 기숙사와 남의 집을 전전하며 산 나로서는 비록 단칸방이지만 아내와 함께 시작한 보금자리가 천국처럼 여겨졌다. 방 한 칸에 장롱과 책장과 책상을 넣었다. 그래도 우리 부부가 잠자기에는 넓은 공간으로 여겼다. 군에 간 송정교회 청년이 휴가 나왔을 때는 우리 신혼집에서 저녁을 먹고 잠까지 자고 갔다.

몇 달을 살아보니 아내는 불편하고 힘든 일이 많은 모양이었다. 아내는 주인집 부엌을 지나 베란다에서 주방 일을 해야 했다. 가스가 아닌 석유풍로로 밥을 짓고, 밥상을 들고 우리 방까지 오는 데는 장애물도 많았다. 어느 날은 주인집 식탁에 걸려 밥상을 엎은 적도 있었다. 나는 아내의 불편을 잘 모른 채 그저 차려온 밥상을 받기만 했다. 아내가 힘든 내색을 하지 않아서 편한 줄만 알았다.

후일 아내는 그때의 마음고생을 털어놓았다. 휴대전화가 없던 그 시절 집주인은 전화기를 잠가 놓았다. 우리에게 걸려오는 전화는 받을 수 있지만 걸지는 못했다. 요금을 부담하고서라도 함께 사용하자고 왜 상의하지 못했을까. 어느 날 갑자기 찾아온 손님에게 식사 대접을 하려다 석유가 떨어져서 아내는 주인집 가스레인지를 사용했다. 때마침 집에 없던 주인이 이를 귀신같이 알아내 아내를 책망했다. 아내는 마치 남의 물건을 훔친 것 같은 말을 들어 아직도 마음이 아프다고 말한다.

우리 결혼식은 고척교회 부임으로 인하여 너무나 갑자기 이루어졌다. 아내는 24세였고, 본가엔 결혼하지 않은 언니가 있었다. 집안의 서열을 중요시하던 때지만, 장모님과 처형이 흔쾌히 허락해 주셨다. 갑작스러운 결혼으로 미처 장만하지 못한 살림살이가 있었다. 그런 사정을 어떻게 아셨는지 고척교회 서 집사님은 작은 냉장고를 구입해 주셨다. 우리는 고척교회 성도님들의 따뜻한 사랑을 많이 받았다.

신혼이라도 바쁘게 지냈다. 새벽기도회에 나가고, 낮에는 구역 심방과 교육부서 지도뿐 아니라 설교를 감당해야 했다. 저녁에는 목사고시를 앞두고 있어 시험 준비와 소논문 과제물을 준비했다. 아내는 내 옆에서 원고 필사를 도와주었다. 우리는 정신없이 바쁜 신혼생활을 보내며 부부가 합력하는 행복을 만끽했다. 그해에 치른 목사고시를 1차에 합격했다.

교회 개척을 위한 목회 훈련

1982년 2월 첫 주일, 고척교회로 부임하였다. 고척교회에서 맡은 첫 전임전도사 사역은 후일 개척전도 목사 훈련에 아주 유익한 시간이었다. 당시 고척교회는 서울 서남노회에서 제일 큰 교회라 모든 조직이 잘 짜여 있었다. 나는 교구를 맡아 심방하고 초등부와 대학부를 지도하며 설교를 담당했다. 교회학교 부장과 교사들은 어찌나 열심히 솔선수범하던지 오히려 많은 것을 배웠다.

신학교에서 신학을 공부하고 교육전도사로서 교육부서 사역을 5년간 했으나 가정 심방은 처음이었다. 교구 담당 권사님을 따라 부임 심방을 다녔다. 가정마다 방문하여 형편을 파악했다. 낯선 집에 가서 처음에 무슨 말로 질문을 던져 대화해야 할지 낯설고 쑥스러웠다. 각 가정의 형편과 문제를 파악한 후에는 그 가정에 적합한 성경 본문으로 위로와 격려, 권면과 축복의 말씀을 전했다. 어느 때는 즉시 말씀이 떠올랐지만, 어느 땐 찬송가 끝 소절을 부를 때까지 말씀이 떠오르지 않아서 진땀이 났다. 어쩔 수 없이 부르던 찬송가를 "다시 한 번 더 부르시겠습니다"라고 주문하고 말씀이 떠오르기를 마음속으로 기도했다.

시간이 흐를수록 새내기 전도사에게도 차츰 여유가 생겼다. 심방 전날 다양한 형편과 상황에 적용할 성경 말씀과 찬송가를 찾아 메모했다. 그리고 이런저런 질문을 하다 보면 그 가정에 필요한 말씀이 떠올랐다. 영 안 떠오를 땐 미리 준비해간 말씀으로 설교했다. 하루에 열 가정 심방은 일상이고, 많을 땐 스무 가정을 심방하기도 했다.

어느 땐 심방 대상자가 너무 많아서 귀찮은 마음이 들기도 했다. 돌아보니 절로 회개하는 마음이 든다.

금요심야기도회를 인도할 때는 열정적으로 감당했다. 하나님은 나에게 튼튼한 성대를 주셨다. 밤새도록 찬송하고 설교하며 기도회를 인도했다. 내게도 임하는 은혜가 있었고, 참석한 교우들도 "신 전도사님, 오늘 참 은혜로웠어요" 하며 격려해 주니 새 힘이 솟았다. 교회학교, 주일 저녁, 장년 예배 때 가끔 맡은 설교는 많이 떨렸으나 점점 자연스러워졌다. 모든 것이 부족한 내가 어떻게 많은 청중 앞에서 설교할 수 있었을까. 전적으로 성령님이 함께 하심으로써 오는 능력이요, 은혜였다. 생각해 보면, 지난날 성서신학원에서 공부할 때 수암산 뒷산에서 수많은 돌과 나무를 청중 삼아 설교한 훈련이 한몫을 한 것 같다.

담임목사님이 지도하던 벧엘성서 연구반을 나에게 맡겨주셨다. 지난날 나는 벧엘성서 교재를 출간한 루터교단 목사님으로부터 2년간 정식으로 배운 적이 있다. 그땐 신학교 수업을 하면서 힘들게 배운 벧엘성서 연구였다. 하나님은 이때를 위하여 미리 준비하시고 이처럼 유용하게 쓰임받게 하셨다. 수료식 날 학생들은 밤색 반코트를 선물했다. 옷이 귀하던 시절, 그 옷은 나의 단벌 외출복이 되었다. 사랑으로 주신 선물이어서 그랬는지 그 옷은 너무나 따뜻했다. 교복처럼 오랫동안 입었다.

고척교회에서 만 3년간 부교역자로 사역했다. 짧은 기간이지만 첫 부임이라 그런지 길게 느껴진다. 지금도 고척교회를 사랑한다. 늘 고마운 마음이 가득하다. 그때 성도님들 한 분 한 분의 이름을 잊지 않는다.

하나님은 작은 교회에서 교육전도사 사역만을 한 나에게 대형교회인 고척교회에서 목회를 배우게 하셨고, 귀한 멘토 김제건 목사님을 만나 목회자로서 갖추어야 할 바른 자세뿐 아니라 사랑과 겸손의 덕을 배우게 하셨다. 그리고 교우들의 사랑과 격려를 듬뿍 받게 하여 첫 목회에 좋은 추억을 간직하게 해주셨다. 나는 미래의 목회 여정을 전혀 알지 못했다. 하지만 하나님께선 나아갈 길을 미리 아시고, 고척교회에서 광남교회 개척을 위한 목회 훈련을 계획하셨다.

반지하라도 좋아

고척동 서림아파트 단칸방에서 시작한 신혼생활은 날이 갈수록 살림이 늘었다. 부엌살림 도구도 늘었지만 가장 기쁜 순간은 14인지 컬러 TV를 할부로 샀을 때다. 이제 더는 주인댁 TV를 시청하지 않고 우리 방에서 자유롭게 봐서 좋았다. 2세는 생각하지 못하고 살았다. 그런데 나보다 6개월이나 늦게 결혼한 친구 박명진 목사가 딸을 낳았다. 고척교회에서 함께 사역하던 이형근 선교사님이 아기를 갖게 해달라고 기도하냐고 물었다. 사실 우리 부부는 그런 기도는 생각하지 못했다. 그분 말씀을 듣고 곧바로 기도를 시작했다.

"하나님, 저희 부부에게도 아기를 주세요."

하나님은 응답해 주셨다. 아이가 태어나 가족이 늘어날 날을 생각하니, 아이를 키우기에는 단칸방이 비좁겠다는 생각이 들었다. 방두 개가 있는 전셋집을 구하자니 보증금이 모자랐다. 다행히 고척동 뒷산 능골에 있는 모범연립으로 이사 갈 수 있었다. 방 두 개를 쓰되 주방과 화장실은 주인댁과 공동으로 사용해야 했다. 아내는 주인아주머니와 친숙해져서 큰 마찰 없이 살았다.

그해는 무척이나 더웠다. 아내는 만삭의 몸으로 삼복더위를 잘 견뎠다. 출산예정일이 가까워지자 나는 두려웠다. 장신대학원에서 함께 공부한 서남병원 원장이신 장로님께서 자기 병원에 입원하라고 하셨다. 양가 부모님은 멀리 있어 산후조리를 해줄 어른이 없었다. 고척교회 안상원 권사님께서 아내와 함께해 주셨다. 난 교회 심방을 마치고 병원으로 갔다. 수고해 주시는 안 권사님과 식사하고 돌아오니 그 사이에 아이가 태어났다. 출산 순간에 함께 있어 주지 못해 늘 미안하다.

1983년 8월 16일, 하나님은 우리에게 첫 아이를 주셨다. 혼자서 객지 생활을 하던 나에게 아내와 함께 딸까지 얻으니 온 천하를 가진 기분이었다. 딸 아이 출생신고를 앞두고 아내와 의논했다. 결론을 내지 못한 나는 하나님 앞에서 좋은 이름을 짓게 해달라고 기도드렸다. 교회 사무실에서 교역자들과 함께 고민한 결과 '선혜'로 결정했다.

1984년 4월 17일은 서울 서남노회에서 목사 안수를 받은 날이다. 고척교회는 나를 부목사로 청원해 주면서 좀 더 나은 사택으로 이사할 보증금을 보태주었다. 우린 고척동에서 세 번째로 이사했다. 단칸방에서 시작하여 방 두 칸에 거실도 있고 화장실도 단독으로 쓰는 반지하였다. 눈치 볼 사람 없이 자유롭게 생활할 넓은 공간이라 감사했다. 주인댁은 위층에 살았다. 아내는 주인아주머니와 친하게 지내며 그 가정을 전도하여 고척교회에 등록시켰다.

다음 해 우리는 한국선교 100주년 기념으로 개척하는 광남교회 전도목사로 파송받아 광명시 '사들'의 농촌마을에 부임했다. 집주인 이영숙 집사님은 온 가족과 함께 개척교회를 돕겠다고 주일마다 예배에 출석했다. 성도 한 사람이 귀한 시절 그 가정은 큰 도움과 힘이 되었다. 후일 집사님 남편은 일본 출장을 다녀오면서 사람 수를 세는 계수기를 선물로 사오셨다.

"신 목사님. 고척교회처럼 교인이 많아지거든 이 계수기를 사용해 주십시오."

무대 위에 서다

비록 반지하 집이지만 단독으로 살아가는 주거생활은 더할 나위 없이 좋았다. 특히 하나님의 선물인 첫 딸 선혜가 있어 천국이었다. 전에는 아내와 함께 있는 것만으로도 좋았지만 이젠 아내와 아이와 함께 하는 순간이 꿈만 같았다. "빠이, 빠이" 하는 아이 인사를 받으면서 출근한 나는 오후가 되기 무섭게 빨리 집에 가고 싶어졌다. 딸은 무럭무럭 잘 자라 주었다. 사방을 기어 다니더니 돌이 지나자 걸음마를 시작했다. 엄마 화장대와 아빠 책상 위로 올라가는 것을 좋아했다. 행동 하나하나가 귀여웠다.

어느 토요일, 청년부 예배를 마치고 나니 급히 집으로 와달라는 연락이 왔다. 선혜가 책상 옆 창가에서 놀다가 떨어졌다는 것이다. 나는 정신없이 집으로 달려갔다. 아이의 울음소리가 들렸다. 순간 아이가 울고 있다는 사실만으로도 조금은 안심이 되었다. 가까운 병원에서 큰 병원으로 가라며 받아주지 않았다.

우리는 택시를 타고 구로 고대병원 응급실로 갔다. 토요일 저녁 시간이라서 당직 인턴들만 있었다. 엑스레이를 찍으니 다행히 머리에는 이상이 없는 것 같다고 했다. 아이의 앞니와 잇몸이 많이 깨진 상태였다. 인턴들이 잇몸을 꿰매려고 하자 아이는 점점 더 크게 울어댔다. 시도할수록 아이는 좌우로 몸을 흔들어대며 울었다. 난감한 상태였다. 당황한 인턴들은 어딘가로 전화를 걸었다. 몹시 답답하고 화가 났다. 그러나 참고 기다릴 수밖에 없었다. 30여 분이 흘렀을까. 연세가 지긋한 분이 급히 들어왔다. 퇴근한 치과 과장님이 달려온 것이다.

과장님은 오자마자 나에게 수술대 위에 먼저 누우라고 했다. 아이를 배 위에 뉘어 아이 손발을 내 손발로 제압하라고 가르쳐 주셨다. 아이는 아빠 품에 안기니 안정을 찾았다. 과장님이 깨진 잇몸을 성공적으로 수술했다. 오랜 경험이 얼마나 위대한가를 느낀 순간이었다. 아이는 다른 곳에는 이상이 없었고, 잇몸은 잘 회복되어 갔다. 깨진 잇몸에서 나온 윗니 4개가 노란색을 띤 상태로 자랐다. 아내는 아이의 치아를 볼 때마다 자기가 아이를 잘 보지 못한 탓이라고 자책했다. 나 역시 책상 옆 창문 방충망을 어설프게 설치한 잘못이 있기에 마음이 아팠다. 딸아이가 중학생이 되던 해, 아내는 강남 치과병원에서 이상이 있는 윗니 4개를 거금을 들여 예쁘게 치료받게 했다.

선혜는 그 이후에도 아랑곳없이 어딘가에 올라가 노는 것을 좋아했다. 엄마 화장대가 무대였고, 아빠 책상 위에 올라 찬송가를 틀어 놓고 찬양하곤 했다. 때론 지휘자가 되어 손을 흔들었다. 그렇게 자란 딸은 서울신학대 성악과에 들어갔다. 학창 시절엔 대학 합창단 단원이 되어 교회와 해외 순회 연주를 다니며 그 입으로 주님을 찬양했다. 졸업 후에는 인천시립합창단 단원이 되어 노래하는, 아니 주님을 찬양하는 별정직 공무원이 되었다. 딸은 이제 화장대나 책상 위가 아닌 큰 무대에서 하나님을 찬양하는 지휘자로 쓰임받고 있다.

우리가 알거니와 하나님을 사랑하는 자 곧 그의 뜻대로 부르심을 입은 자들에게는 모든 것이 합력하여 선을 이루느니라.(롬8:28)

너희 안에서 착한 일을 시작하신 이가 그리스도 예수의 날까지 이루실 줄을 확신하노라.(빌1:20)

개척자로 부름받다

고척교회 부교역자 사역은 순조로웠다. 모든 조직이 잘 짜여 있어 맡은 부서 일만 감당하면 되었다. 퇴근 후엔 가족과 자유롭고 편안한 시간을 보내서 좋았다. 인품이 넉넉하신 담임목사님과 선후배 교역자들과의 관계도 좋았다. 그중에 한 분은 동기요 두 분은 내가 소개한 친구들이어서 부교역자들과는 한 가족처럼 지냈다.

그러나 언제까지나 부목사로서 편안한 사역에 안주할 수는 없었다. 부교역자가 3년이 되면 담임 목회지로 나가야 했다. 나는 단독 목회사역지로 나아갈 때를 대비하여 기도했다. 고척교회의 부교역자들은 노회 안의 기존 교회로 부임한 사례가 여럿 있었다. 고척교회의 명성 때문이었다. 나도 평판이 자자한 교회에서 청빙받게 해달라고 기도드렸다.

얼마 후 담임목사님이 부르셨다.

"내년에 동부 시찰회에서 한국선교 100주년 기념교회를 개척하기로 했는데 도전해 볼 생각이 있어요?"

시찰 내 교회들이 헌금하여 조그마한 폐가를 구입해 놓았으며, 3년 간 약간의 생활비 지원이 있다고 말씀하셨다. 게다가 나를 그곳 개척전도 목사로 추천해 놓았다고 하셨다. 목사님은 개척 후보지의 지역적 특성도 말씀하셨다.

"개척지는 광명시 외곽에 있는 농촌입니다. 현재는 그린벨트로 묶여 있어 30여 가구가 사는 작은 마을입니다. 하지만 머지않아 아파트 단지가 들어설 계획이 있는 곳입니다. 그곳에 가서 한 5년만 나 죽었네 하고 엎드려 기도하면 크게 목회할 때가 올 겁니다."

희망적인 말씀을 세세하게 해주셨다. 그러나 목회 부임 38년이 지난 지금까지 이 지역은 아파트는 고사하고 연립주택 한 채 없이 유통도매상가와 공장들만 들어서 있다. 오히려 그때보다도 세대 수가 줄어든 마을이 되었다. 22년 11월 29일, 비로소 3기 신도시 공공주택지구로 고시되어 후일엔 7만 호가 들어설 계획이다. 담임목사님의 말을 듣고 나는 몹시 당황스러웠다. 솔직히 그 제안을 받는 순간까지 나는 개척교회를 생각해 본 적이 없었다. 고척교회 부목으로서 모든 조건을 갖춘 안정된 교회로 부임하기를 원했다.

"하나님, 담임 목회 자리가 열리게 해주세요. 대신에 어디든지 처음 부르시는 곳으로 가겠습니다."

이렇게 기도했는데 응답은 엉뚱했다. 목사님 제안을 받은 후 다시 구체적으로 기도했다. 처음엔 두려운 마음이 들었다. 그러나 기도하면 할수록 "하나님! 어디든지 처음 부르시는 곳으로 가겠습니다" 하던 기도와 "부름받아 나선 이 몸 어디든지 가오리다. 아골 골짝 빈 들에도 복음 들고 가오리다"라며 큰 소리로 찬양하던 가사가 내 귀에 앵앵거렸다. 양심이 괴로워 더는 거부할 수 없었다. 한국선교 100주년을 기념하여 개척하는 교회란 명분이 내 마음을 점점 불타오르게 했다.

어느 날, 고척교회에서 함께 사역하던 부교역자 박명진 목사와 함께 이종대 장로님의 승용차를 타고 개척지를 찾아갔다. 광명 시내를 지나 1차선 좁은 도로로 한참을 가서야 '사들'이란 마을을 찾았다. 도심에서 너무 멀고 작은 시골 마을이었다. 초행길이라 그런지 마치 귀양 가는 느낌이 들었다. 시골 농가들만 있어 임시 예배 처소를 얻을 만한 건물조차 없었다. 개척지 현장을 보고 온 나는 마음이 더 약해지고 복잡해졌다. 하나님과 목사님 앞에서는 순종하겠다고 말씀을 드렸지만 염려와 걱정은 순간순간 나를 힘들게 했다. '과연 내가 개척자 사명을 감당할 수 있을까? 처자식에게 고생만 많이 시키는 것은 아닐까.'

나는 천마산기도원에 올라가 기도하는 시간을 가졌다. 삼 일째 되던 날 하나님은 나에게 담대함과 평안한 마음을 주셨다. 그리고 약속의 말씀을 밝히 비춰주셨다.

믿음으로 아브라함은 부르심을 받았을 때에 순종하여 장래의 유업으로 받을 땅에 나아갈 새 갈 바를 알지 못하고 나아갔으며(히11:8)

내가 네게 명령한 것이 아니냐. 두려워하지 말며 놀라지 말라 네가

어디로 가든지 네 하나님 여호와가 너와 함께 하느니라 하시니라(수 1:9)

결국 1월 30일, 나는 고척교회에 사직서를 제출하고 개척 준비를 시작했다.

창립 예배를 드리다

사들 새마을회관을 임시예배소로 허락받은 나는 광남교회 창립 예배일을 1985년 3월 10일로 정했다. 교육전도사로 사역하던 송정교회와 친척 지인 친구들에게 초청장을 보냈다. 기념 타월도 넉넉히 맞췄다. 한동안 사용하지 않아 지저분한 회관을 청소했다. 흰돌교회에서 주시는 장의자를 오세화 집사님의 용달차에 싣고 왔다. 고척교회 여선교회에서 강대상과 성구들을 장만해 주셨고, 이종대 장로님은 성애성구사에서 십자가를 사주셨다. 작은 공간이지만 예배 처소가 단아하게 꾸려졌다.

그런데 동네 이장이 오셔서 누구 허락을 받았느냐며 사용할 수 없다고 했다. 마른하늘에 날벼락이 따로 없었다. 그분 주장은 이러했다. 이 회관은 작고 허술해도 나라에서 준 시멘트로 세운 공회관이라 개인이 마음대로 허락할 수 없다는 것이었다. 사용을 승낙한 변광현 새마을지도자님은 자신 땅에 세운 건물이고, 현재 사용하지 않으니 임시 예배당으로 쓰라고 쉽게 허락한 것이었다. 그분은 내일 회관 사용 허락 여부를 주민 회의에 부치겠으니 모든 것을 중단하라고 했다. 창립 예배 초청장을 이미 사방으로 보냈는데, 참으로 난감했다. 나는 그날 밤 하나님께 눈물로 간청했다.

"전능하신 하나님, 동네 주민들의 마음을 감동하게 하셔서 사용할 수 있도록 해주세요."

다음 날 전해 온 소식은 회관 사용을 허락하지 않으니 내일까지 기물을 다 내놓으라는 것이었다. 창립 전날인 토요일이었다. 이제 어찌해야 하는가. 하나님께 간절히 "주여! 믿습니다"라고 기도드렸는데 이런 결과를 맞게 되자 하나님이 야속했다. 1년도 아니고 몇 달만 임시로 사용케 해달라는데 냉정하게 거절하는 동네 사람들이 원망스러웠다. 하지만 한편으로 오기가 생겼다. '좋다! 그럼 앞마당이나 길거리에서라도 창립 예배를 드리고 말리라.'

나는 굳게 다짐하고 고척교회 대학부 학생들을 불러 의자와 강대상을 회관에서 꺼내기 시작했다. 그런데 때마침 다리를 절뚝거리는 할아버지가 오셨다. "젊은이, 예배드릴 곳이 없거든 우리 집에 와서 하시오." 우리는 즉시 그 댁으로 갔다. 할아버지 집은 동네에서 제일 잘 지은 단독주택이었다. 자녀들은 모두 시내에 나가 살고 집에는 노

부부만 살았다. 할아버지 자녀들은 권사, 집사 직분을 받아 충성되게 믿음 생활을 하는 분들이었다. 할아버지 집 거실로 강대상을 옮기고, 의자는 마당 한쪽에 쌓아 두었다.

1985년 3월 10일 오후 3시, 새마을회관이 아닌, 변갈호 성도 댁에서 마침내 광남교회 창립 예배를 드렸다. 예배 순서를 맡은 분들과 몇몇은 거실에서, 다른 손님들은 주택 앞마당에 서서 예배를 드렸다. 아직 쌀쌀한 기운이 옷 속으로 스미는 3월이었지만 다행히 그날 날씨는 온화했다. 사람들이 많이 찾아와 격려하고 축복해 주셨다.

다음날 할아버지는 이렇게 말씀하셨다.

"어제는 이 마을이 생긴 이래 최고로 많은 사람이 모인 날이었습니다."

창립 예배를 드린 후 변갈호 할아버지와 김흥분 할머니는 광남교회 1호 교인이 되었다. 할아버지는 동네의 오랜 유지였다. 예배 때마다 앞자리에 앉아 "아멘! 아멘!" 하시며 말씀을 잘 받아들이셨다. 할머니는 자신의 집에서 예배드리는 것을 무척 기뻐하시며 부엌을 열어 사용하도록 하셨다.

"광남교회가 우리 집에서 시작하였으니 예배드리러 나오시오."

변갈호 성도님은 열심히 전도했다. 광남교회 창립 후 2년여가 흐른 1987년 9월 24일, 변갈호 성도한테서 연락이 왔다. 시찰회에 나가려던 나는 한달음에 달려갔다. 변갈호 할아버지는 병환 중이었다.

할아버지는 나에게 유언하셨다.

"목사님, 나는 평택에서 이곳으로 이사와 열심히 일만하고 살았습니다. 이제 늦게나마 예수님 믿고 천국 가게 해주신 것 정말 감사합니다. 그런데 하나님께 해드린 것이 별로 없어 죄송함뿐입니다. 저기 312평짜리 밭을 하나님께 드리니 팔아서 사용하시든지, 혹 그린벨트가 풀리면 성전 부지로 사용해 주십시오."

1987년 10월 1일 국군의 날, 변갈호 성도님은 하늘나라로 가셨다. 36년이 지난 2023년 현재, 변갈호 할아버지가 헌납한 땅 위에 아름다운 성전을 세웠고, 노인회관을 함께 세워 마을회관 사용을 반대한 어르신들이 쉼을 누리고 있다. 20년 전 무렵에는 마을 어린이들이 교회 터 위에 세워진 광남몬테소리에서 교육받았다. 광남교회는 마을에서 영혼의 요람이요, 교통의 중심지며, 과거와 미래의 얼굴이다.

우리가 알거니와 하나님을 사랑하는 자 곧 그의 뜻대로 부르심을 입은 자들에게는 모든 것이 합력하여 선을 이루느니라(롬8:28)

첫 예배

1985년 3월 10일(오후2:30)은 광남교회 개척 예배를 드린 날이다. 서울 서남노회 동부 시찰회에서 한국선교 100주년 기념으로 개척을 시작하여 첫 예배를 드렸다. 새마을회관에서 개척 예배를 드리려다가 갑자기 거절당한 우리는 하나님이 여호와 이레로 예비해 놓으신 변갈호 할아버지 댁에서 예배를 드렸다. 그날 상황과 감격은 어떠했던가. 37년 전 기억을 회상하다가 그때 기록해 놓은 교회 개척일지를 꺼냈다.

광남교회 창립 예배 드리던 날! 오전엔 날씨가 쌀쌀했으나 오후엔 햇살이 비치면서 기온이 많이 올라갔다. 고척교회, 송정교회, 새서울교회, 시찰 내 교회 성도님들이 많이 참석했다. 집안엔 들어갈 수가 없어 집 앞 울 안이 가득 찬 가운데 모두 서서 예배를 드렸다. 개척 예배 위원도 선출했다. 김원태 목사(황현교회)의 사회와 박성문 목사의 기도(개봉중앙교회), 강성두 목사(오류동교회)의 아브라함의 제단이란 설교가 선포되었다. 이어서 동산교회 김만하 장로의 봉헌기도와 흰돌교회 고익종 목사의 개척 경과보고가 있었다. 개척전도 목사 소개는 응곡교회 이경화 목사가 했고, 고척교회 김제건 목사의 축도로 모든 예배 순서를 마쳤다.

우상과 미신으로 가득한 사들 땅에 찬송이 울려 퍼지고, 시온의 영광이 온 마을에 가득한 기분이었다. 즉석에서 드린 헌금 전액을 건축 헌금으로 사용하기로 했다.

처음 사들 마을을 찾아갔을 때 주민들이 마을 앞 큰 고목나무에 고사 지내는 장면을 본 적이 있었다. 마을회관 사용을 불허한 이유도 교회가 샤머니즘과 상충되는 까닭이었다. 몇 년 후 고목나무를 베었다. 마을 제주였던 유재수 할아버지는 광남교회에서 세례를 받고, 신앙생활을 하다가 천국으로 가셨다.

개척 예배를 드리던 날, 나를 소개하던 목사님이 인사말을 하라 하여 은혜받은 성경 말씀으로 인사했다.

"너희 안에서 착한 일을 시작하신 이가 그리스도 예수의 날까지 이루실 줄을 확신하노라."(빌1:20)

오랜만에 광남교회 개척 일지를 읽다가 젊은 날의 예배 열정을 보았다. 첫 주일 저녁 찬양 예배에 관한 기록이다.

오후 8시 변갈호 성도 댁 거실에서 찬송 459장을 부른 후 빌립보서(1:1-11)의 말씀을 읽고 성취하시는 하나님을 설교한 후 축도로 마쳤다. 이날 예배 참석자는 장년(변갈호, 김흥분, 박팔례, 이해강, 정을선, 김태진, 유영이, 신두수, 우춘자, 신훈, 김순자, 신태의, 임명옥)과 학생(이윤주, 이현민), 아동과 유아(신연숙, 신지원, 신은원, 신재원, 신선혜)까지 총 26명이었다. 개척교회 첫 주일 저녁 예배 인원으로는 과분한 은혜였다.

하나님은 사방에 예비해 놓으신 성도들을 광남교회로 모이게 하

셨다. 다른 마을에 있는 황현교회와 온신교회에 다니는 분들과 기도
생활을 잠시 쉬고 있는 분들이었다. 창립 후 첫 수요기도회 예배엔
고척교회에 다니다가 광명시로 이사 온 김상만·장순금 집사 부부와
우리 전셋집 주인이신 이영숙 성도가 멀리서 참석했고, 사들과 동창
골 마을에 사시던 김갑순, 김순자, 이옥녀, 설경옥, 이선남 할머님이
새로 나오셔서 19명이 모여 예배드렸다. 1985년 3월 17일 개척 후
첫 주일 예배를 개척 일지에 이렇게 기록해 놓았다.

화창한 봄 날씨에 변갈호 성도 댁 거실에 모여 예배드리다. 교회 표어를 '초대
교회와 같은 교회'로 정하여 발표하다. 친구이자 고척교회 부교역자인 박명진 전
도사가 정성을 다해 주보를 만들어 주다.

그 날 주보 앞면엔 기도시도 있었다.

광남의 광명
논사리 사들 위에 세워진 광남교회여
광명의 어둠 속에 광명의 빛이 되어라
택한 자 구원 얻는 노아의 방주 되어라

초대교회 같은 사들의 광남교회여

말씀이 살아 있는 교회 되어라

사랑이 있는 교회 되어라

선교 백주년을 기념한 광남교회여

대한의 등대와 같은 모범교회 되어라

온 세계에 선교하는 광남교회 되어라

교회 창립의 숨은 주역들

한국선교 100주년을 앞두고 서울 서남노회에 속한 동부 시찰회는 거대한 기념사업을 꿈꾸고 있었다. 당시 시찰장 고익종 목사님(흰돌교회)과 서기 김원태 목사님(황현교회)은 교회를 세워 영혼을 구원하는 일이 가장 귀한 사업이라고 뜻을 모았다. 두 분은 시찰 내 어른인 고척교회 김제건 목사님과도 의논했다. 목사님께서 대찬성하시므로 1983년 9월 15일 동부시찰에서 '선교 100주년 기념교회'를 개척하기로 결의하였다.

시찰회는 어디에 어떻게 누구를 파송하여 세울지 의논한 결과 개척교회가 많은 도시는 지양하고 '교회가 없는 마을과 개인이 개척하기에 열악한 지역을 선택하기로 결의했다. 당장은 부흥 성장에 지장이 있을지라도 꼭 필요한 곳에 개척한다는 원칙을 세웠다. 시찰 임원들은 동부시찰 지역과 근접한 마을에서 개척지를 찾았다. 그러던 중 광명시 노온사동 사들 마을에 사는 김태진 할머니께서 교회가 들어오기를 간절히 기도한다는 소식을 들었다. 김태진 할머니는 안동 성경학교 출신이다. 이 마을에서 300년 역사를 간직한 대궐 같은 기와집에 살고 있었다. 정충모 씨(영의정 정원영 장손)의 부인이었다. 지난날엔 자유롭게 신앙생활을 못하고 미신을 신봉하다가 근래에는 멀리 있는 교회에 가끔 출석하는 상태였다.

1984년 12월 18일, 동부 시찰회는 사들마을에 교회를 개척하기로 결의하였다. 아울러 고척교회 부목사였던 신태의에게 개척전도 목사를 맡기기로 했다. 응곡교회 이경화 목사님이 광남교회(광명시 남쪽의 빛)라 이름 붙이자고 제안하자 모두가 찬성했다. 시찰장 고익종 목사님은 때마침 매매 물건으로 나온 대지 42평 폐가를 사채를 빌려 우선 계약하고, 여러 시찰 교회가 분담 헌금하여 400만 원에 구입했다.

사들마을 건너편 시흥시에 있는 황현교회 김원태 서기 목사님은 광남교회 개척을 위하여 헌신과 수고를 아끼지 않으셨다. 그중에 가장 귀한 결단은 자신의 교회로 출석하는 몇 가정을 권면하여 광남교회 창립 교인이 되게 해준 일이다. 교회가 제 편 가르기에 연연치 않아야 한다는 점을 솔선수범 보여주셨다.

김태진 할머님의 기도가 하늘 보좌를 움직였다. 아니 하나님이 친히 일하시므로 시찰 교회 목사님들이 한마음이 되어 순종하게 하셨다. 원래 단독으로 하는 사업보다 연합하는 사업은 더 힘들기 마련이다. 그런데 광남교회 개척은 힘든 순간이 몇 번 있었으나 일사천리로 진행하였다. 김태진 할머니와 나는 폐가에 교회당을 세우기 전까지 필요한 예배 처소를 찾아다녔다. 하지만 마을엔 농가만 있을 뿐, 2층 상가도 공간이 널찍한 건물도 없었다. 마땅한 장소가 없어 궁리하던 중에 마침 빈 우사가 있다는 정보를 듣고 주인을 찾아갔다. 주인은 교회가 들어오면 시끄럽다며 단칼에 거절했다.

1985년 1월 20일은 광남교회 창립 예배를 드리기로 한 날이다. 하지만 그때까지 예배 처소를 찾지 못하여 일정을 미뤄야 했다. 예배 처소를 위한 기도를 하던 중 김태진 할머님을 통하여 변광현 새마을 지도자님을 만나게 되었다. 처음엔 건물이 아닌 땅을 얻어 비닐하우스를 치고 들어가는 방법을 제시했다. 그러나 빈 땅을 빌리는 일도 쉽지 않았다. 지도자님은 한참을 궁리했다.

"자, 그럼 작지만 우리 집 앞마당에 있는 새마을회관을 사용하면 어떻겠습니까?"

나는 감지덕지하여 그곳을 자세히 살펴보기도 전에 사용하게 해 달라고 매달렸다. 새마을지도자님은 쉽게 승낙했다. 나는 기쁜 마음으로 돌아오면서 김태진 할머님한테서 그가 어떤 사람인지 듣게 되었다. 변 지도자님은 모친과 부인, 두 아들이 있고 부부가 젖소농장을 하였다. 온 가족이 이웃 마을에 있는 온신교회에 나가는 집사님이었다. 그때는 미처 몰랐지만 이 가정을 만난 일은 하나님의 오묘한 섭리가 있었다. 37년 세월이 흐른 지금 그분은 광남교회 은퇴 장로님이며, 장남은 우리 딸과 결혼해 한 가족이 되었다.

첫 성전 건축 이야기

1985년 3월 31일, 동부 시찰회에서 구입해 놓은 폐가에 성전 건축을 위한 첫 삽을 속히 뜨기를 기도했다. 우선 자체적으로 건축위원회를 10인(신태의, 김태진, 김상만, 신두수, 변갈호, 이인선, 이영숙, 정을선, 고만홍, 정효근)으로 구성하고, 흰돌교회 김옥근 집사를 총감독으로 세웠다. 나는 고척교회 김제건 목사님을 만나 성전 건축에 관해 보고를 드린 뒤 대책을 의논했다. 목사님은 건축회사를 경영하는 신기학 장로님을 소개해 주셨다. 시찰위원회에 보고하고 의논한 결과, 신기학 장로님께 공사 전체를 맡기기로 했다. 총공사비는 일천만 원으로 정하고, 착수금으로 500만 원을 지급했다. 잔금은 완공후에 주기로 했다.

4월 21일 광남교회 성전 건축 기공 예배를 드렸다. 다 쓰러져 가는 폐가 마당에서 시찰회위원 목사님들과 광남 성도들이 참여한 가운데 김원태 시찰장의 사회로 시작하여 김제건 목사님께서 '스룹바벨 앞에 평지가 되리라'는 주제의 설교를 하시고 박성문 목사의 축도로 예배를 마쳤다. 4월 28일 주일 낮 예배 시간이었다. 영등포 모 교회 시무장로인 신 장로님이 선교 100주년 기념으로 개척하는 광남교회에 동참하겠다며 가족 5명을 이끌고 나와 등록했다. 그날 예배 출석 인원은 장년 35명이다.

신축 공사를 위하여 폐가 철거를 시작했다. 타지 사람을 부르지 않고 마을 청년들에게 맡겼다. 정효근 청년 주선으로 사들 마을 청년들이 작업했다. 감사한 일은 새마을회관 사용 문제가 생겼을 때 불쾌한 어조로 대들었던 모 청년과 마찰을 빚었던 교회 부지 옆집 아들도 철거 작업에 동참했다. 누이동생은 우리 교회에 나와 교사로 봉사하다 성공회 목사님과 결혼하여 일본에서 선교사역을 한다. 신 장로님은 날마다 현장을 지키며 설계 도면보다도 더 좋은 자재로 잘 지으려고 힘쓰셨다. 특히 장남 신대웅 집사는 인테리어 설계사로서 복된 교회를 건축한 경험을 토대로 작은 성전 짓는 일에도 심혈을 기울였다.

건축 공사는 탈 없이 진행되어 3개월 만에 완공을 앞두게 되었다. 그런데 각 시찰 교회에 책정한 분담금이 들어오지 않았다. 하나님께 간절히 기도하며 호소문을 발송하고 시찰 목사님과 장로님을 찾아 공사 현황을 보고하며 헌금을 간청했다. 지난날 나는 도움을 구하러 다니는 일은 몹시 쑥스럽고 창피한 일로 생각했다. 하지만 이 사역은 하나님을 위한 일 아닌가. 상황이 여의치 않으니 체면도 부끄러움도 없었다. 기도 중에 하나님이 새 힘을 주셔서 마음에 걸림이 없이 요청하였다. 모금은 더디기만 했다. 건축비 지급이 어려운 처지에 이르자 이사 올 때 고척동에서 빼온 전세금을 건축비로 냈다. 건축 일지에는 대체해 드렸다고 기록돼 있다. 하지만 나는 이 글을 쓰면서 건축 헌금으로 드렸다고 고쳐 썼다.

6월 9일, 첫 성전 입당 예배를 드렸다. 노회 목사님들이 오셔서 예배 순서를 맡아 주셨다. 축사와 헌금도 해주셨다. 성전이라 하지만 42평 대지에 건평이 20평밖에 안 되는 작은 단층 주택이었다. 예배실은 12평이고, 나머지는 방과 주방을 넣은 사택이었다. 그동안 거처가 없어 고척교회 사택에서 출퇴근하던 우리는 예배실 옆에 붙은 사택으로 이사했다. 다음 날부터 새벽기도회를 시작했다. 첫날에 7명이 참석했다.

6월 29일, 새 성전에 입당 후 첫 교회학교 예배를 시작했다. 신대웅 선생을 부장으로 믿음의 아버지 이현 목사님의 딸인 이애리 선생을 총무로 하여 교회학교를 조직하고 중고등부 학생 10명이 모여 첫 예배를 드렸다. 7월 18부터 20일까지는 여름성경학교를 열었다. 부장과 총무 선생님 외에 온신교회에 나가던 김명자 집사와 민우정, 김동주 청년 그리고 고척교회에서 박명진 전도사님과 심명자, 강연규 선생님 등이 수고해 주었다. 첫날 어린이 71명이 참석하고, 사흘 동안 평균 50여 명이 참여해 성황리에 마쳤다.

9월 2일, 남여 선교회를 조직했다. 남선교회는 변갈호 성도 댁에서 모였다.(회장: 변갈호, 총무: 유중상, 서기: 신두수, 회계: 이인선, 평회원: 이해강, 고만홍, 조건홍, 신대웅) 여선교회는 교회당에서 모여 투표로 세웠다.(회장: 김명자(A), 총무: 정을선, 서기: 김옥련, 회계: 김순자, 총 회원 15명)

9월 15일, 첫 구역을 조직하고 구역장과 권찰을 임명했다.

- 1구역장: 우춘자, 권찰: 이진영, 홍승주
- 2구역장: 유중상, 권찰: 유재희, 정을선
- 3구역장: 신기학, 권찰: 장순금, 이영숙

12월 8일, 서리집사를 임명하고 제직회를 조직했다.

- 서리집사: 신두수, 유중상, 김상만, 신대웅, 우춘자, 깁갑순, 유재희, 정을선, 장순금, 김명자, 김순자
- 서기: 유중상,
- 회계: 김상만, 신두수, 성미담당: 정을선

하나님은 눈에 보이는 성전보다 더 귀중한 주님의 몸이 된 교회를 든든하게 세워 주셨다.

다시 반지하 사택으로

1985년 6월 9일, 폐가를 철거하고 첫 성전을 지었다. 작지만 실용적으로 설계하여 반듯한 방은 예배실로, 굽은 쪽은 사택으로 사용했다. 사방에 기존 주택들이 있는 한가운데에 성전을 짓다 보니 이웃에게 소음 피해를 주는 일이 발생하기도 했다. 에어컨이 없던 시절, 여름에 창문을 열고 찬송을 부르면 앞집에서 달려왔다. 창문을 닫아도 교우가 점점 늘어나자 소음을 완전히 막을 수 없었다.

주일 예배를 마친 어느 날 오후, 건장한 체구에 잘생긴 분이 찾아왔다. 그분은 교회 아랫집 동생으로 광명 시내에서 살았다. 형님댁의 고충을 막아 주겠다고 찾아온 것이었다. 그는 점잖은 어투로 이렇게 말했다.

"남에게 해를 끼치면서 종교 행위를 하면 됩니까? 좋은 말로 할 때 조치하십시오. 나는 광명시에서 주먹깨나 쓰던 사람입니다"

법보다 가까운 것이 주먹이라지 않던가. 조금 겁이 났다. 나는 완곡하게 사과했다. 좀 더 조심하고 방법을 찾아볼 테니 이해해 달라고 요청했다. 화난 얼굴로 찾아온 그는 부드럽게 인사하고 돌아갔다. 우리 교우들은 조심하여 예배를 드렸다. 후일 시내에 살던 그분 아내가 교회에 나가기 시작했다. 큰댁인 아랫집에 올 때는 우리 교회에 나와 함께 예배를 드렸다. 소음이 적어서 그랬는지 아니면 신앙을 가짐으로써 찬양 소리가 좋게 들려 그랬는지 그 후로는 소음으로 인한 항의가 없었다.

당시 사들 마을 주택은 총 35가구였다. 그린벨트에 묶여 신축하지 못하는 상황이라 집마다 방 한 칸에 부엌 한 칸을 증축하여 세를 주었다. 그러니 여러 세대가 한 주택에 거주할 수밖에 없었다. 상주인구는 주택 수보다 훨씬 많았다. 특히 아이들이 많았다. 더욱이 주변 동창골, 장절리, 능촌 마을에 교회가 없다 보니, 우리 교회로 오는 새 가족이 많아졌다. 작은 예배실은 물론 사택 방과 주방까지 앉아도 비좁게 되었다.

좁은 예배 처소에 대한 방안을 찾던 중에 결단을 내렸다. 사택 방 벽을 제거하여 예배실로 사용하고 사택을 이전하기로 했다. 교회가 있는 사들에서는 살만한 집을 구하지 못했다. 아랫녘 장절리에서 정원까지 있는 새로 지은 집을 구했다. 우리가 살 곳은 넓은 대문을 지나서 뒤쪽 문으로 들어가는 반지하 방이었다. 고척동에서도 반지하에 살았는데 다시 반지하로 이사 온 것이다. 넓은 정원에서 딸과 아들이 주인집 아이들과 함께 놀아서 좋았다. 간혹 아이들끼리 다투면 우리 애들이 항상 울면서 왔다. 때로 주인댁 아이들이 지하 방에 돌을 던지며 짓궂게 굴어도 아무 말 못하고 참아야 했다.

교회가 날로 부흥되어 가니 힘들지 않았다. 그런데 사택을 멀리 옮기니 어려운 문제가 생겨났다. 새벽에는 가끔 다니는 버스조차 없어서 걸어 다녀야만 했다. 나는 기도했다.

"주님, 매일 걸어 다니기가 무척 힘드네요. 자전거라도 한 대 주세요."

다음날, 교회 앞에 새 자전거가 놓여 있었다. 초대 장로님이 되신 김상만 집사님이 사오신 것이다. 매일 자전거를 타고 신나게 달려가 새벽기도회를 인도했다. 비가 오는 날이면 난감했다. 아내와 아이들이 함께 새벽기도회에 나갈 수 없어서 안타까웠다.

얼마 후 주님은 승합차 한 대를 주셨다. 고척교회에서 새 차를 마련하면서 우리가 요구하지도 않았는데 형편을 아시고 선물로 주셨다. 나는 운전면허를 땄다. 차 운행이 많지 않은 새벽 시간에 연습 삼아 차를 몰고 새벽기도회를 다녔다. 낡은 봉고차는 우리 마을 최초의 자가용이었다. 고을마다 교우들을 실어 날랐다. 면허증만 있고 운전을 못 하는 분들은 교회 차로 연습하고 차량 운행 봉사를 했다.

장절리 반지하 사택에서 살 때는 여러모로 유익했다. 마을 길을 걸어서 교회로 출근할 때는 자연스럽게 심방과 전도할 기회가 있었다. 요즘은 자동차로 움직이다 보니 주민들을 자연스럽게 만나 전도할 기회가 줄었다. 때론 문명의 이기가 소통을 가로막기도 한다. 반지하에서는 오래 살지 않았다. 하나님께서 새로운 계획을 세워놓았기 때문이다.

첫 번째 맞은 위기

광남교회 개척을 시작한 후 관심은 온통 교회 성장뿐이었다. 개척을 시작하자마자 성전을 지어야 했다. 아직 교회 일을 분담할 만한 일꾼을 세우지 않은 상태라 모든 일을 거의 내가 감당해야 했다. 고척교회에는 책임 분담이 잘되어 맡은 일만 하면 되었다. 내가 설교할 땐 다른 사람이 찬양 인도를 했다. 여기서는 교역자가 혼자이다 보니 북 치고 장구 치고 해야 한다. 목회 초년생인 나로서는 감당하기 힘든 일이 많았다. 설교하고 돌아서면 또 설교 준비를 해야 했다.

그렇지만 새 신자들이 점점 불어나니 신나고 즐거웠다. 설교만으로 교우들의 신앙을 키울 수 없어 고민하던 중에 제자훈련에 관심을 갖게 되었다. 때마침 사랑의교회 옥한흠 목사님이 인도하는 제자훈련반에 등록하여 제4기생으로 수료했다. 교회에서 〈평신도를 깨운다〉는 교재로 제자훈련을 시작했다. 매주 한 번씩 만나 강의와 나눔을 하고 외식도 했다.

이때 아내가 아프기 시작했다. 몸에는 이상이 없었다. 우울과 탈진이었다. TV 소리에도 놀라고 무력감으로 일상생활이 힘들었다. 사실 개척 후 나는 아내에게 거의 무관심했다. 오직 교회와 목회에만 집중했다. 아내의 상황과 입장은 전혀 고려하지 않고 내 중심으로 사역했다. 아내를 집안일만 하는 사람으로 여겼던 것 같다. 언제나 말

없이 모든 것을 감내하는 아내라 속 깊은 대화도 나누지 못했다.

아내와 대화를 하고 나서야 아내가 개척 선물로 주신 아들 양육에 지쳐 있다는 사실을 알았다. 아들은 무엇이 불편했는지 유난히 많이 울었다. 2살짜리 딸과 젖먹이 아들을 혼자서 돌보다 보니 아내의 심신은 날로 지쳐갔다. 주일이면 사택 방은 교육 공간이 되고, 주방은 교회 주방이 되어야 했다. 멀리서 오는 교우들과 교사들을 위하여 식사를 준비해야 했다. 예배드릴 때는 편히 앉아 있을 공간조차 없어 아이를 업고 밖에서 서성일 때가 많았다. 한마디로 사생활 공간이 전혀 없었다.

제자훈련생들과 공부를 마치고 밖으로 식사하러 나갈 때 아내는 집에서 혼자 밥을 하며 나는 누구인가 하는 정체성의 혼란을 겪으며 무력감에 빠질 때가 있었다. 그때 왜 아내를 챙기지 못했을까? 나는 늘 교인들이 우선이라고 생각했다. 또 아내는 아이들을 돌봐야 하니까 어떻게 아이들까지 데리고 갈 수 있나 해서 함께 가자고 묻지도 않았다. 게다가 어느 정신질환자가 예배당으로 갑자기 들어왔을 때 받은 충격으로 깊은 트라우마까지 생겼다.

아내가 아프고 힘들다 보니 아무것도 하지 못했다. 목회는 전적으로 나 홀로 하는 줄만 알았다. 만일 아내가 계속 아프고 내조가 없으면 목회를 계속할 수 있을까 하는 마음에 펄펄 날아다니던 나에게도 두려움이 밀려왔다. 교우들이 아프다면 심방 가서 기도해 주는데 막상 내가 이런 상황이 되니 교우들에겐 기도해 달라고 부탁하지 못했다. 오직 하나님께 간구했다. 내가 상담을 구하던 친구 김상철 목사가 우리 집에 심방을 왔다. 나는 친구에게 예배와 기도를 부탁했다. 친구는 찬송 96장을 찾아 불렀다.

"예수님은 누구신가 우는 자의 위로와 없는 자의 풍성이며. 약한 자의 강함과, 병든 자의 고침과…"

처음 불러 보는 찬송이었다. 찬송 중에 주님의 위로와 치료하심의 은혜가 내 마음에 들어왔다. 아내를 향한 회개와 목회에 대한 새로운 마음이 솟아났다. 아내는 여러 해 동안 힘든 시간을 보냈지만 교우들에겐 전혀 내색하지 않았다. 차츰 회복한 아내는 그 후로 같은 병을 앓지 않고 지금까지 사모 역할을 잘 감당하고 있다.

교회 자립 선언

폐가를 철거하고 첫 성전을 지어 입당했다. 변갈호 성도님 거실에서 예배하다 새 성전으로 오니 진짜 예배당 같았다. 인테리어 전문가의 손을 거치니 따뜻한 예배 처소가 되었다. 우물을 파면 개구리가 온다더니 새 성전을 짓고 예배하니 매주 새 신자들이 사방에서 들어왔다. 황현교회에 다니던 동창골의 성도님들과 특히 원노온사 마을의 온신교회에 다니던 사들 마을의 집사님들과 성도들이 등록했다. 우리 마을에 교회가 생겼으니 가까운 곳으로 오겠다는 것이었다. 나는 기장 측 교회인 그곳 목사님께 무척이나 죄송하고 미안했다.

어느 날 그 교회 목사님이 심방을 오셔서 온신교회 성도들을 모아 놓고 입을 떼셨다.

"교단은 다르지만 교회가 없는 이 작은 마을에 선교 100주년 기념으로 개척한 교회니 잘 협력하여 좋은 교회를 세우십시오."

그리고 축복 기도를 해주셨다. 건축 헌금은 보태도 단 한 명의 양은 내주기 어렵다는데, 목사님은 교단을 초월한 교회 개척에 큰 도움을 주셨다. 오랜 세월이 흐른 후, 그때의 고마운 마음을 전하려고 영양떡을 전 교우들에게 선물했다.

동부 시찰회는 개척전도 목사로 파송하면서 3년간 생활비를 지원하기로 했다. 덕분에 우리는 생활고를 걱정하지 않고 검소하게 목회에 전념하였다. 광남교회는 노회 또는 교회와 개인이 아닌 시찰회가 연합하여 개척한 교회다. 각 시찰 교회가 합력하여 개척지 땅을 사고, 생활비를 지원해 주는 바람직한 개척 모델을 세웠다.

개척 후 1년 8개월이 되자 작은 성전에 40여 명의 장년 교우들이 모였다. 일부 제직이 있지만 대부분 초신자들이었다. 그런데도 헌금이 늘었다. 특히 동생의 개척교회를 돕겠다고 인천 간석동에서 출석하는 외사촌 누이 김순자 집사님은 매 주일마다 헌금을 드렸다. 미용실을 차렸는데, 이상하게 손님이 많이 와서 십일조가 많아졌다고 간증했다. 주일 예배 후에는 미용으로 봉사와 헌신을 해주셨다.

나는 하나님이 부흥시켜주시는 은혜가 벅차서 고척교회 김제건 목사님께 자랑하며 간증했다. 미소를 지으시던 목사님이 갑자기 낮은 목소리로 말씀하셨다.

"신 목사, 자립 선언하면 어떨까?"

간증하던 말이 쏙 들어갔다. 그 자리에서 더는 어떤 말도 하지 못했다. 괜히 간증했나 하는 마음에 후회스러웠다. 섭섭한 생각도 들었다. 그리고 생각해 보았다. 지금 당장 생활보조금을 받지 않는다면 교회가 내 생활비를 감당할 수 있을까. 헌금이 들어온다고 하지만 아직은 자립하기에 시기상조였다. 그리고 3년간은 보조하기로 약속했으니 가만히 있으면 우리 교회에 유익하지 않을까. 곰곰이 생각하고 하나님께 기도하면 할수록 자립 선언하라는 음성이 뱅뱅 돌았다. 목사님 제안이 아니라 하나님 음성으로 여겨졌다. 곧바로 나는 제직회를 소집했다.

"하나님이 우리 광남교회를 이처럼 부흥하게 하셨으니 동부 시찰회에서 주는 교역자 생활비를 중단하고 자립 선언을 하면 어떻겠습니까?"

제직회 성도들도 처음엔 당황해했지만 모든 분이 흔쾌히 응답해주셨다. 그 후 교회의 제직들과 성도님들은 이제 자신들이 교회의 주인이라는 책임감으로 힘써 헌금을 하고 교회를 섬겼다. 그다음 달부터 교역자 생활비를 교회가 책임졌다. 여성도님들은 끼니때마다 성미를 떠서 주일날 성미통에 넣었고, 정을선 성미부장은 교역자 식량과 구제미로 사용했다.

우리 교회는 동부 시찰회의 지원으로 개척한 교회다. 일찍이 자립을 선언한 우리 교회는 그 후 큰 재정적 어려움이 없었다. 오히려 선교비와 개척교회를 지원하는 교회 사명을 오늘날까지 감당해 오고 있다. 개척 7년이 되던 해에 서남교회 초대목사였던 이형근 목사님이 제안했다.

"신 목사, 이젠 빚 갚아야지. 제2의 광남교회가 개척되도록 개척 종자 헌금을 하면 어떨까?"

그 제안이 하나님의 명령으로 들렸다. 현재 우리 교회는 돼지 돈사에 있는 형편이었지만 순종하고 싶은 마음이 간절해졌다. 교회 제직회에 안건을 내놓으니 모두가 찬성했다. 동부 시찰회에 제안하자, 시찰 내 교회들이 동참했다. 특히 고척교회는 감동을 받아 많은 금액을 분담했다. 고척교회 이종엽 부목사를 개척전도 목사로 파송했다. 이 목사의 모친이 개척자금으로 1억 원을 헌금하는 역사가 일어났다. 1993년 12월 5일, 동부 시찰회는 '함께하는교회'를 창립하도록 했다. 아니 하나님께서 선한 계획을 갖고 친히 일하셨다.

두 번째 성전 건축

작은 집을 짓고 교회와 사택으로 사용하던 첫 성전이 교인으로 가득 찼다. 워낙 성전이 좁아서 더 북적여 보였다. 사택 방을 헐어 넓혔으나 교인이 계속 늘어 성전은 여전히 비좁았다. 협소한 바닥 평수 때문에 더는 확장하지 못하게 되자 새 성전에 관한 생각이 깊어졌다. 하지만 교회당 주변엔 빈 땅이 없었다. 기도하며 해결 방안을 찾던 중에 유중상 집사님이 사용하던 빈 돈사가 생각났다. 유 집사님은 돼지농장을 더 크게 확장하여 화성으로 이전했다. 유 집사님이 사용하던 주택과 돈사는 이미 서울 사람의 소유가 되어 있었다.

유 집사님 주선으로 주인을 만나 보니 놀랍게도 나의 믿음의 아버지 이현 목사님의 제자였다. 사택과 돼지 집과 소 키우던 앞마당까지 전부 사용할 수 있는 전세 계약을 일사천리로 맺었다. 첫 성전을 매각하고 돈사교회로 이전하기로 했다. 막상 그곳으로 이전하려니 수리하고 정리해야 할 일이 한둘이 아니었다. 우선 예배당으로 사용할 돈사는 천장 높이가 너무 낮았다. 우선 천장을 높였다. 오랜 세월 돈사로 사용하다 보니 건물 바닥이 돼지 똥으로 떡칠이 되어 있었다. 전 교우들이 쓸어 내고 물로 닦아냈다. 인테리어 전문가인 신대웅 집사님은 볼품없는 돈사 내부를 유럽의 멋진 건물처럼 탈바꿈해 주었다. 예배실 공간이 첫 성전의 두 배나 되었다.

앞마당이 문제였다. 소 키우던 자리엔 깊은 웅덩이가 패고 웅덩이엔 소똥이 가득 차 있었다. 흙을 몇 트럭 들여와 평지작업을 해야 했다. 길은 좁은데 길옆 집 처마가 너무 낮아서 덤프트럭이 들어오지 못했다. 그 집은 처음 교회가 들어오기를 기도한 김태진 할머니가 세를 준 집이었다. 할머니와 상의한 후 그 집 처마 일부를 헐고 트럭이 들어오게 길을 냈다. 트럭이 흙을 부으면 성도들은 삽을 들고 구슬땀을 흘리며 평탄작업을 했다. 성도들 모두 자기 일처럼 발 벗고 나섰다. 젖소농장이던 마당이 넓은 주차장으로 변모했다.

1989년 6월 11일, 드디어 새 교회당으로 이전하여 입당 예배를 드렸다. 첫 성전은 낮은 지형에다 여러 집에 둘러싸여 잘 보이지 않았다. 두 번째 성전은 마을에서 제일 높은 곳이라 동리 어귀에서도 잘 보였다. 시찰회 목사님과 장로님들이 참석하여 일을 행하시는 하나님을 찬양하며 부흥하는 광남교회를 축복하고 격려해 주셨다. 예배당 옆 이웃은 소·돼지 분뇨의 악취와 파리·모기와 같은 해충 때문에 고통이 많았는데 교회가 들어와 살기 좋아졌다고 기뻐했다. 때마침 그 집 두 아들이 결혼했는데 며느리 둘이 모두 교회에 나왔다. 며느리들은 시모를 전도했다. 후일 작은 며느리는 교회의 재정일꾼으로 봉사하고, 큰 며느리는 현재 권사가 되어 예배 시간마다 강대상 물을 담당한다.

아랫녘 장절리 반지하 방에 살던 우리는 성전 옆 사택으로 이사했다. 교회당이 가깝고 방 세 개에 거실이 있어서 좋았다. 단지 속이 빈 시멘트 벽돌집이어서 겨울에는 방 안의 물이 얼었다. 첫술에 배부를까. 두 번째 성전에서 따뜻하고도 추운 겨울을 보냈다.

1990년 10월 14일, 첫 번째 임직 예식을 했다. 개척한 지 만 6년 반 만의 일이었다. 김상만, 김정우, 변헌웅, 변광현 이상 네 사람을 안수집사로, 김명자(A), 정송자, 우춘자 세 명을 권사로 세웠다. 작은 시골 마을에 개척한 교회지만 하나님은 날로 부흥되게 해주셨다. 장년 주일 출석이 100명을 넘었고, 특히 교회학교 학생이 많이 모였다. 여름성경학교 땐 80여 명이 모였다. 아이들 교육을 위해 옆에 남아 있던 폐돈사를 철거하고 조립식 교육관을 세웠다. 공간이 절대적으로 부족했는데 교사들과 아이들은 무척 신나 했다. 이인선 아동부장을 중심으로 김구년 초대 교육전도사와 청년 교사들이 열심히 헌신 봉사했다. 교사와 청년들은 저녁 예배 전까지 교회에 모여 제자훈련을 받으며 교제했다. 아내는 저녁밥을 지어 밥상공동체의 행복을 함께 누렸다. 돌아보면 천국 같은 여정이었다.

1990년 3월, 교회는 대중교통의 열악함을 해결하기 위하여 15인승 미니버스를 구입했다. 버스와 봉고차 두 대는 노온사동의 여러 고을을 운행했다. 초만원으로 태워올 때도 있었다. 위험했지만 나날이 감사했다.

두 번째 맞은 큰 시험

개척 후 3년 되던 해에 과로로 인한 아내의 건강 이상으로 첫 위기가 있었다. 무사히 극복하고 난 후 교회는 아무런 어려움 없이 일취월장 부흥의 역사만 있었다. 그런데 첫 임직자를 세우는 문제로 교회에, 아니 정확히는 목회자인 나에게 큰 시험이 닥쳤다. 개척 7년째에 들어서고 돈사 예배당으로 이전한 후, 교회의 첫 임직자를 세우려고 협동 장로님이신 한 분과 의논했다. 아직 당회를 조직하지 않아 장로님과 모든 것을 의논했다. 나는 우리 교회가 사도행전에 나오는 '초대교회 같은 신실한 교회'로 세워지기를 소망하여 첫 표어를 그렇게 정했다. 그래서 이분을 초대 장로님으로 추대하고 초대교회와 같이 안수집사 7명과 권사 5명을 세우자고 제안했다.

그런데 장로님은 자신이 장로 취임을 할 수 없다고 했다. 6, 25 때 군 입대 문제로 실제 나이보다 더 많게 등록하여 취임하자마자 은퇴하게 된다며 극구 사양했다. 안수집사는 3인만 세우자고 했다. 나는 장로님이 다만 1년이라도 초대 장로님으로 취임하기를 여러 번 권했다. 장로는 세례교인 수에 따라 세워지는 법이 있지만 안수집사는 제한이 없으니 일곱 집사를 세우자고 설득했다. 당시 집사 후보들은 신앙 경력이나 나이가 비슷비슷했다. 여러 면을 생각한 나는 일곱 집사 안을 굽히지 않았다. 장로님과 나의 의견은 좀처럼 일치하지 않았다. 정식 당회를 조직한 것도 아니니 나 혼자서 결정할 수도 있었다. 하지만 장로님과 먼저 의논하고 진행하고 싶었다. 기도하고 고민하다 고척교회 김제건 목사님께 전화를 걸어 지혜를 구했다.

"그 장로님이 장로 취임을 그렇게 사양하시면 성전 건축에 공로가 있으니 금반지라도 끼워 드리며 은퇴 장로님으로 추대하고 안수집사 인원 조정은 한 번 더 의논하여 정해 보세요."

그런데 통화를 마치고 두 시간쯤 지났을까. 장로님이 상기된 얼굴로 사택을 찾아왔다. "금반지 하나 해주고 나를 은퇴시키라고? 에잇"이라며 장로님이 대노했다. 우리 집에 전화를 걸었는데 혼선되어 김제건 목사님과 통화하는 소리를 몽땅 들었다는 것이다. 정말 다 들었다면 오해가 없을 텐데 일부만 들은 것 같았다. 이제 자신은 쓸모 없으니 금반지 하나 해주고 은퇴시켜 버리라 했다고 크게 오해했다. 한 주가 지난 후 장로님께 전화통화 내용을 자세히 말씀드렸다. 다소 오해가 풀린 것 같았다. 우린 은퇴 장로 추대는 없는 일로 하고 안수집사는 5인으로 줄여 첫 임직자 선출 투표를 했다. 나는 공정한 투표를 위해 심방도 다니지 않았다. 선거운동은 절대로 금한다는 내용을 공고했다.

투표 결과 안수집사 4인과 권사 3인을 선출하였다. 장로님 안색이 굳어졌다. 당신 아들 집사가 선출되지 않았던 것이다. 그 아들은 나보다 한 살 아래였고, 선출된 분들은 대부분 20여 년 연상이었다. 7

인의 안수집사를 두자고 제안한 것도 나름 복안이 있었다. 소수 인원이 선출됨에 따라 장로님 가족은 아무도 선출되지 못했다. 그 후 분위기가 사뭇 낯설게 흘러갔다. 모든 결과가 목사인 내 잘못이라는 오해가 불거진 듯했다.

그 후에도 유형무형의 불편한 일들이 있었으며 관계는 회복될 기미가 보이지 않았다. 오히려 점점 더 소원해졌다. 그 과정에서 아내도 힘들어 했다. 목사도 사람인지라 한동안 그들 앞에서 설교하는 것이 곤혹스러웠다. 얼마 후 그 가족은 모두 다른 교회로 옮겨 갔다. 시찰 내 가까운 다른 교회에 등록했다. 목회자로서 자책감이 들고 마음이 아팠다. 용서를 위한 기도에 몸부림쳤다. 내가 용서해야만 목회를 계속할 것 같았다. 지난날 천리포에서 따귀로 배운 용서의 축복을 알기에 억지로라도 화해하고 싶었다. 그 후 어린이집 건축 설계를 빌미 삼아 집사님의 사무실로 찾아가 설계를 맡겼다. 오랜 세월이 흐른 지금 그 집사님은 신학을 공부하고 목사가 되어 해외선교사 사역을 하고 있다. 내가 속한 선교회에서 한동안 선교비를 지원했다.

지금도 그때 일을 기억하고 싶지 않다. 인간으로서도 목회자로서도 애써 원망을 챙기지 않는다. 주님은 나에게 용서의 마음과 평안을 주셨다. 다만 그때 내가 좀 더 성숙한 목회 리더십을 가졌더라면 하는 미련이 남는다.

세 번째 성전 건축

돈사를 수리하여 예배당으로 세운 두 번째 성전도 성도들로 가득 찼다. 좀 더 넓은 예배당이 필요하여 기도했다. 어느 날 우연히 도고천에 있는 영광교회가 새 성전을 짓는다는 소식을 들었다. 그린벨트 내에서는 신축이 불가한데 어떻게 짓게 되었을까. 건축 현장을 찾아가 목사님을 만나 신축 정보를 듣게 되었다. 이축권을 구입하여 짓게 되었다고 했다. 이축권이란 도시계획으로 철거되는 건물이나 신설 도로를 내면서 헐리는 집은 다른 곳에 이축할 수 있는 이전건축권리 속칭 '딱지'였다. 우리 교회도 새 성전을 건축할 수 있다는 희망에 기도하며 사방으로 알아보았다. "구하라 주실 것이요. 찾으면 찾으리라"라고 말씀하신 주님은 이축권을 구입하도록 정보를 주셨다.

제직회는 이축권을 구입하기로 결의하고, 칠천오백만 원에 샀다. 막상 설계하려 하니 그린벨트에 짓는 주택이축권이라서 주택 모양으로만 지어야 했다. 평수도 제한이 있어 반지하 30평에 지상 30평의 작은 건물만 지을 수 있었다. 거금을 주고 산 이축권인데 제한이 너무 많았다. 그 평수라면 지금 사용하고 있는 성전보다도 좁은 공간이었다. 건물 위층의 사택만 넓은 공간이 되는 꼴이 되었다. 교우들이 오해하면 어쩌나 하고 기도하며 방안을 찾았다.

그때 옆 동네 능촌마을에서 노인정을 짓고 있다는 소식을 들었다.

그린벨트에도 공공건물은 신축 가능한 법이 생긴 것이었다. 나는 급히 제직회를 소집하여 하나님이 주신 대안을 제시했다.

"신축할 새 성전에 노인정을 이어 지읍시다. 두 건물을 신축한 후 반지하는 예배당과 연결하여 예배당으로 사용하고 노인정 위층은 노인정과 마을회관으로 사용해도 좋다고 마을에 제안해 봅시다. 단 그리하려면 우리 교회 땅에 노인정을 짓는다는 사실을 바로 알고 사용 승낙을 요청해야 합니다."

제직회는 좋은 방안이라며 만장일치로 결의했다. 나는 이장직을 맡은 변광현 장로님을 통해 마을 전체회의에 부쳤다. 마을주민들 역시 대환영이었다. 교회가 어려운 결정을 했다고 기뻐했다. 처음엔 노인정 건축비까지 우리가 부담하려고 했다. 그런데 뜻밖에도 시청에서 건축 자금이 나왔다. 노인정 설계는 내가 했다. 노인정 공간을 주일에는 교육관과 식당을 겸하여 사용하려고 연동하여 설계했다.

1993년 3월 8일, 세 번째 성전 건축 기공 예배를 드렸다. 변갈호 성도님이 기증한 땅 위에 건축하게 되었다. 그린벨트라서 건축하지 못하던 밭에 성전을 세우게 되는 하나님의 섭리와 일하심이 놀라웠다. 그동안 모아 둔 재정에서 이축권을 사고 나니 건축 자금이 턱없이 부족했다. 온 교우들이 십시일반 힘을 모아 헌금했다. 그래도 부족했다. 우리 부부가 교회에서 받는 사례비는 생활하기에도 늘 부족했다. 드리고 싶은 마음은 간절해도 드릴 만한 현금이 없었다. 어느 날 아내가 제안했다.

"우리 집에 현금은 없지만 아이들 돌 때 받은 반지와 내 결혼반지가 있으니 건축 헌금으로 드립시다."

아내가 안쓰럽고 고마웠다. 그 결혼반지마저 내가 해준 것이 아니었다. 믿음의 어머니 안윤진 권사께서 해주신 다이아몬드가 박힌 금반지였다. 아내의 제안에 나는 나중에 더 큰 것으로 사주겠노라며 기쁘게 드렸다. 교우들은 어려운 형편에서도 힘써 건축 헌금을 드렸다. 여러분이 장롱 안에 고이 간직해 두었던 금붙이를 건축 헌금으로 드렸다.

1994년 4월 17일, 성도들의 섬섬한 마음이 모여 세운 새 성전에 입당했다. 예배당은 비록 반지하지만 70평 공간이 되었다. 노인정을 지어 한 건물로 연결했기 때문이다. 우리가 속한 그린벨트 내에서는 우리 교회당이 최고 넓은 공간이 되었다. 그 후 많은 인원이 모이는 마을 행사는 우리 교회당에서 치렀다. 시장이 왔을 때나 노온사동 전체 모임을 해야 할 때도 우리 교회당에서 했다. 교회는 노인정의 수도와 전기 사용료를 부담했다. 지난날 마을회관 사용을 불허하던 마을 어르신들은 광남교회 대지 위에 세워진 노인회관에서 오늘도 쉼과 교제를 하며 소일한다.

교회당과 노인정을 연결하여 만든 반지하 예배당은 공간이 넉넉했다. 하지만 비가 많이 오거나 장마철이 되면 두 건물 연결 부분에서 누수가 발생했다. 여러 번 방수 공사를 해도 완전히 잡히지 않았다. 큰비가 내린 다음 날은 물 퍼내는 일이 일상이었다. 그래도 반지하의 예배실은 시간이 가면서 성도들로 가득 찼다. 은혜받고 기도하는 데 예배 장소의 누추함은 전혀 문제가 되지 않았다. 오히려 더 성스러운 지성소 같았다.

2009년 5월, 그 성전에서 노인대학을 개설했다. 교회 근처 노인들은 물론 이웃 마을에서 많은 노인이 참석했다. 교우들은 정성껏 음식을 대접하며, 노래 교실과 게임 등 재미있는 프로그램으로 그분들을 섬겼다. 나 역시 행복한 인생의 비결에 대하여 강의하며 민요와 트롯에 복음 가사를 개사하여 함께 찬양했다.

"청사초롱 불 밝혀라 잃었던 청춘이 다시 돌아온다. 닐리 닐리니 닐리리야."

"예수랑 예수랑 예수님과 예수랑 고개를 넘어간다. 믿음고개 사랑고개 십자가고개 예수랑 고개를 잘 넘어가세."

10여 년의 세월이 흐른 지금은 반지하에서 예배를 드리지 않는다. 다섯 번째로 건축한 2층 본당 성전에서 예배드리기 때문이다. 그 세 번째 성전 위층은 목사 사택으로 오늘까지 계속 사용하고 반지하 예배실은 창고로 세를 주었다. 요즘 같은 코로나 상황에서 매달 들어오는 월세는 교회 재정에 큰 보탬이 된다. 이 셋째 성전은 처음부터 지금까지 사들 마을과 교회에 큰 도움을 준 성전이었다. 앞으로 3기 신도시가 개발되면 보상금이 교회에 더 큰 도움이 될 것이다.

사택 생활

광남교회를 개척한 이후 오늘날까지 나는 교회당 가까이에 있는 교회 사택에서 생활했다. 첫 번째 성전은 사택과 예배실이 붙어 있었다. 문 하나로 예배실과 사택을 오갔다. 주일에는 사택 방을 교회학교 분반교육실로 활용하고, 주방을 교회 식당으로 사용했다. 건물 공간이 좁아서 사생활 공간을 구분할 수 없었다. 나는 개척 초기의 열정으로 가득 차 있었기에 아무런 불편함도 모른 채 모든 것이 편리하다고 생각하고 감사했다. 하지만 살림을 하는 아내 처지에서는 불편하고 힘든 일이 한둘이 아니었다. 예배 시간에 아이가 울면 밖으로 업고 나가야 하고, 식사 때가 되면 타지에서 온 봉사자들 식사를 손수 대접해야 했다.

주일 예배 후 식사 역시 아내 몫이었다. 아직 봉사부장을 세우지 못했기 때문이다. 3살 난 딸과 갓난아이 둘을 양육하면서 개척교회 사모의 사명을 감당한 아내의 고충을 그때는 잘 몰랐다. 성남에 사는 장모님은 딸이 고생하는 것을 보다 못해 토요일에는 방앗간에서 칼국수를 사오고 식사를 간편하게 할 수 있게 아내를 도와주셨다. 24살에 결혼하여 27살에 시작한 개척교회 사모 역할은 물론 옹색한 살림살이가 아내를 더욱 힘들게 했다. 아내는 점점 건강을 잃어 갔다. 그 때문에 나는 목회를 시작하고 첫 위기감을 느꼈다.

두 번째의 사택 생활은 아래 동네 장절리 반지하 전셋집에서 산 2년간이다. 성전 옆방에서 살던 우리에겐 비록 반지하 방이었으나 마음은 편했다. 아이들도 정원에서 맘껏 소리치고 뛰놀았다. 아내는 주일에 특별히 집안을 치우지 않아도 되었다. 한 가지가 좋으면 다른 면에서는 불편함이 있었다.

지금은 대중교통 수단이 좋아졌으나 그때는 버스 운행이 많지 않아 20~30분을 기다려야만 했다. 버스로 두 정거장 거리지만 도보로 가면 먼 거리였다. 고척교회에서 차량을 제공하기 전까지는 출퇴근이 너무 불편했다. 평소 나는 자전거를 이용했으나 주일과 수요일 예배 시 가족들은 교통편이 불편했다. 특히 겨울철 저녁 예배를 마치고 한밤중에 돌아가는 버스를 기다릴 때 저녁 찬바람에 아이들은 추위에 떨어야 했다. 아이들만 집에 남겨 둘 수가 없어 늘 동행해야 했기 때문이다.

그런데 시간이 흐르면서 차츰 요령이 생겼다. 아이들과 함께 버스가 오지 않으면 생떼를 부렸다. "주님! 우리를 태워줄 자동차가 멈추게 해주세요"라고 기도한 후 지나가는 차를 향하여 손을 흔들었다. 그러면 신기하게도 차가 멈췄다. 이 특별한 친절을 한 번 맛본 아이들은 버스가 오지 않으면 여지없이 고사리손을 모으고 하나님께 기도했다. 그때마다 자동차를 타고 오는 천사들을 만났다. 딸은 그때 일을 기억하며 기도 응답의 첫 체험이라고 간증했다.

세 번째 사택 생활은 돈사 교회당 옆에 있는 단독주택이었다. 방이 세 개나 되고 거실도 넓어 아주 좋았다. 그런데 속빈 벽돌집이라서 너무 추웠다. 한겨울에는 방안의 물도 얼었다. 안방 외에는 집안이 시베리아였다. 얼마 후 거실에 연탄난로를 설치하니 집안에 훈기가 돌았다. 그래도 윗방은 김구년 전도사님의 결혼 첫날밤을 지낸 방으로 쓰였고, 또 부흥 강사님을 모신 방으로, 말레이시아에서 온 로라 목사님이 기거하는 방으로 쓰임을 받았다.

1994년 4월 17일 이후 나는 네 번째 지은 성전 1층에서 사택 생활을 했다. 이축권을 취득해 지은 성전이라서 1층은 주택으로 짓고 반지하는 노인정과 연결하여 성전으로 지었다. 나는 죄송하게도 지하성전 위층에서 생활했다. 30평짜리 넓은 주택이라 서재도 있고 거실도 넓었다. 지금까지 산 사택 중에 최고 환경이었다. 처음 입주했을 땐 너무 좋아서 잠을 설쳤다. 그런데 좋은 환경에서도 송구함과 불편함은 있었다. 내가 누워 있는 바로 아래가 성전이다 보니 아무리 몸이 힘들고 어려워도 새벽기도 시간에는 누워 쉴 수가 없었다. 부교역자가 예배를 인도하는 날에도 찬송 소리를 들으며 누워 있으면 불경스러운 기분이 들어 일어나야만 했다.

나는 평생을 교회 가까이에 있는, 아니 교회당에 붙은 사택에서만 살아왔다. 편리함이 많았으나 그에 따른 불편도 감내해야 했다. 은퇴하면 교회에서 멀리 떨어진 아파트에서 살고 싶다. 신혼을 꿈꾸는 젊은이처럼.

몬테소리 어린이집

1994년 9월 1일 광남어린이집을 지었다. 3월에 새 성전을 건축하고 입당했는데 다시 교육관으로 사용할 어린이집을 지었다. 지난번 성전은 이축권을 구입하여 지었으나 이번에는 예수님을 믿는 문민정부 공약에 따른 어린이집 건축법과 재정 지원 덕분이었다. 어린이 교육 시설이 절대적으로 부족하던 시절, 정부는 건축 비용을 저리로 대출해 주었다. 이 정보를 알게 된 나는 우리 마을 어린이들을 위해 어린이집을 운영하자고 제안했다. 제직회는 대출을 받아 변갈호 성도님이 기증한 교회 앞마당에 세우기로 결의했다.

어린이집 건축 설계를 어디에 맡길지 기도하다가 신 집사님 사무실을 찾아가 부탁했다. 신 집사님 역시 흔쾌히 승낙하여 설계해 주셨다. 세 번째 성전 건축 공사 때 벽돌을 쌓던 이상화 집사님께 건축 전체를 맡겼다. 이 집사님은 참신한 신앙인으로서 저렴하고 꼼꼼하게 어린이집을 지어주셨다. 어린이집은 평일엔 어린이집으로 사용하고 주일엔 교회 교육관으로 사용했다.

어린이집은 아내가 맡아 운영했다. 아내는 일찍이 어린이 보육교사 자격증을 받았고, 몬테소리 교육을 수료했다. 단순한 어린이 보호 차원이 아닌 질 좋은 교육을 위해 몬테소리 교구를 아낌없이 구입하고, 교사는 신앙심이 깊은 사람으로 모집했다. 교회 근처 사들 마을은 물론 이웃 마을과 심지어는 시내와 목감에서 어린이들이 등록했다. 원생들이 많아지자 미니버스 운행이 필요했다.

때마침 교회에 나온 지 얼마 되지 않은 조종호 성도님이 미니버스 차량구입 헌금을 드렸다. 지난날 공부를 잘해서 전도가 유망한 아들이 신학대학에 들어가고, 이어 아내가 교회에 다닌다고 심하게 핍박하던 사람이었다. 그런데 미니버스를 헌금하다니 기적의 하나님이셨다. 변광현 장로님과 이해강 집사님이 운전 봉사를 했다.

신앙교육과 몬테소리를 통하여 교육받은 아이들은 건강하게 자랐다. 재롱잔치나 수료식을 할 때는 학부모와 할머니들까지 모두 예배당에서 참관했다. 큰 행사는 좋은 전도의 기회가 되었다. 형편이 어려운 가정과 자녀가 3명 이상인 가정에는 원비를 반만 받았다. 학부모들 호응이 뜨거웠다.

아내는 원장으로서 아이들을 열심히 가르치며 챙겼다. 협소한 부엌에서 손수 점심을 지어 아이들을 먹였다. 교사들 봉급은 제때 지급했으나 아내는 내내 무보수였다. 봉사와 섬김의 보람만으로 만족해야 했다. 광남몬테소리 어린이집은 8회 졸업생을 마지막으로 문을 닫았다. 마을 주택들이 유통단지 창고로 변하고, 젊은 부부 가정이 늘지 않아 아이들이 점점 줄어들었기 때문이다.

어린이집을 그만둔 지 26년이 지난 2022년 11월 24일, 송대호 청년에게 저녁 식사를 초대받았다. 약속 장소에는 대호가 어머니와 함께 기다렸다. 식사를 마친 후 대호는 생일 케이크와 꽃다발을 아내에게 주었다.

"사모님, 생신 축하드립니다. 그리고 원장님, 그때 잘 돌봐주셔서 감사합니다."

나와 아내는 몹시 감동했다. 많은 졸업생이 있었지만, 특히 대호에게 이런 대접을 받을 줄 몰랐단다. 지난날 대호의 가정 형편을 잘 알고 있었기 때문이다.

아랫동네 장절리 최정순 권사 문간방에 세 들어 살 때, 대호 아버지는 공사장에서 떨어져 불구 상태였고, 아이들은 네 명이나 되었다. 그 가정의 앞날은 옆에서 지켜보기도 막막할 지경이었다. 그런데 대호가 이처럼 잘 성장하여 홀로된 어머님을 정성껏 섬기고, 동생들까지 챙기는 것을 보면서 광남몬테소리 교육의 결실을 보는 것 같았다. 하나님께 영광을 돌리며 대호에게도 감사했다. 그날 대호 어머니는 아들이 가족에게도 선물을 했다고 말했다. 금으로 만든 십자가 목걸이였다. 예수 십자가를 의지하며 살라는 의미를 담았다고 했다. 나는 축복 기도가 저절로 나왔다. 주여! 송대호에게 복에 복을 더하소서. 아멘.

다섯 번째 성전 건축

교회가 있는 우리 마을과 노온사동은 전 지역이 그린벨트였다. 1980년대 이전에 그린벨트로 묶여 아무런 개발을 하지 못했다. 지방 시골 동네에도 주택과 아파트가 우후죽순 세워지는데, 수도권에서도 입지가 좋은 우리 지역은 막사도 자유롭게 건축하지 못했다. 그린벨 트법이 얼마나 강력하게 제한하는지 주택 건물에 단 한 평만 덧붙여 지어도 적발되면 가차없이 헐어버렸다. 우리 교회 역시 교회 앞 부지에 비닐하우스를 세워 주일날 식당으로 사용하다가 고발을 당했다. 나와 변광현 장로님은 수원검찰청까지 불려가서 조서를 받고 벌금을 냈다. 지금까지도 노온사동 지역 전체는 그린벨트와 같은 특별지구 법으로 개발을 제한받고 있다. 다행히 2021년 2월, 3기 신도시 공공 주택 개발지구로 지정된 상태다.

그런데 2005년에 주택이 있는 마을 단위로 일부만 그린벨트를 해 제하였다. 그 해제구역 안에 우리 교회와 남아 있던 땅, 즉 변갈호 성도님이 기증한 땅이 모두 포함되었다. 옆에 있는 땅 220평을 구입 했는데 그 땅도 그린벨트가 풀렸다. 그린벨트로 재산권 행사에 제약 을 받던 주민들과 교회로서는 무척 반갑고 감사한 일이었다.

10년 전에는 그린벨트법 때문에 비싼 이축권을 구입하고 겨우 30평 주택을 지었다. 그린벨트에서 해제되자 300평 대지에 3층까

지 건축할 수 있게 되었다. 그동안 노인정 건물과 연결한 반지하 성
전에서 예배드린 교회는 새 성전 건축을 꿈꾸며 기도하기 시작했다.
2006년 1월 22일, 3개년 계획을 세우고 성전 건축 준비위원회를 구
성했다.

〈새 성전 건축으로의 초대〉

사랑하는 광남교회 가족 여러분! 선한 계획을 세우고 친히 일하시며 성취해 나가
시는 하나님의 크신 강복이 함께 하시기를 기원합니다. 성전은 만민이 모여 기도하
는 하나님의 집이요, 하늘 백성들의 믿음 생활의 중심이요, 하나님의 영광이 임하는
곳입니다. 그런가 하면 교회는 은혜받은 곳이며 구원의 방주요, 이 땅에 흩어진 뭇
백성들에겐 마음의 고향입니다. 하나님은 다윗 왕에게도 허락하지 않은 성전 건축
기회를 우리들에게 다시 한번 허락해 주시며 이렇게 말씀하셨습니다.

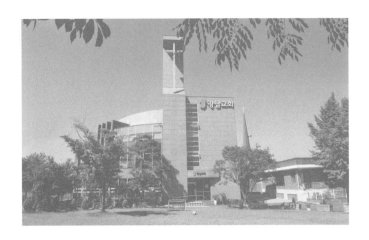

그 백성 된 자는 다 여호와의 전을 건축하라(스1:3)

너희는 산에 올라가서 나무를 가져다가 성전을 건축하라(학1:8)

솔로몬의 성전 건축처럼

솔로몬 왕은 아버지 다윗 왕의 유언에 따라 왕이 된 후 성전 건축을 시작했다. 선대왕과 유대가 깊던 레바논의 히람 왕에게 부탁하여 레바논의 백향목을 뗏목으로 수입해 왔다. 특히 예수 그리스도를 표현해내는 독특한 성전을 설계했다. 그리고 지혜로운 건축가들을 세워 건축했다. 나는 성전 건축 준비를 하면서 온 교우들에게 솔로몬의 성전 건축처럼 우리도 건축 공사에 참여하자고 강조했다. 열왕기상 6장에 나오는 솔로몬 성전 건축에 대한 말씀으로 강해설교를 했다.

이 성전을 건축할 때에 돌을 뜨는 곳에서 다듬어 건축하였으므로 건축하는 동안 성전 속에서는 방망이나 도끼나 돌 뜨는 철 연장 소리가 들리지 아니하였으며 중층 골방의 문은 성전 오른쪽에 있는데 나선층계로 말미암아 하층에서 중층에 오르고 중층에서 셋째 층에 오르게 하였더라(왕상 6장 7절)

나는 여타의 교회들이 성전을 건축하는 과정에서 시험당하여 교회당 건물은 크게 짓고, 오히려 주님의 몸 된 교회가 흩어지거나 교회의 주축 성도 기반이 무너지는 것을 종종 보았다. 그리고 각자 원하는 성전을 짓고 싶은 마음에 과도하게 공사 과정에 개입하다 보니 의견충돌로 인해 건축업자와 문제가 발생하는 사례도 익히 들어서 알고 있었다. 우리 교회는 솔로몬 성전 건축 때와 같이 절대로 잡음이 발생하지 않도록 하기 위해 개인의 의견과 입과 눈은 가리고, 오직 건축위원장을 통해서만 의견을 제시하도록 결의했다. 전 교인은 오로지 기도에만 열중하기로 했다. 특히 성전을 건축하면서 건물만이 아니라 솔로몬 성전의 설계도처럼 성도들 마음의 성전도 하층에서 중층으로, 중층에서 셋째 층으로 오르는 신앙 성숙의 기회가 되기를 강조했다.

2009년 3월 1일, 드디어 신축 기공 예배를 드렸다. 일찍이 제작하여 바라보고 기도하던 새 성전 조감도를 앞에 세우고 전 교우들은 물론 마을의 유지 어르신과 노회 임원, 내빈들을 초청하여 기공 예배를 드렸다. 변갈호 성도님이 기증한 땅 위에 드디어 온전한 성전 건축을 시작하였다.

설계는 수원에 있는 비전 설계사무소에 맡겼다. 설계사 민성식 집사님은 독실한 크리스천이었다. 우리 마을 지형에 맞게, 건물 평수에 비해 웅장하게 보이면서도 아름답게 설계했다. 민 집사님은 공사

진행에 따른 간략한 브리핑을 했다.

"구 성전은 그대로 두고 남은 대지 300평 위에 건평 150평으로 지하 1층 지상 3층의 연건평 약 450평 건물입니다."

그린벨트인 우리 지역에서 이렇게 큰 건물은 최초였다.

건축업자 선정과정은 순탄치 않았다. 명성 있는 큰 회사의 건축 공사비와 H건축이 제시한 금액이 차이가 너무 났다. H건축이 제일 저렴한 건축비를 제시했다. 건축업을 하시는 한성교회 장로님에게 건축제안서 검토를 의뢰했다. 장로님은 이 금액으로 완공은 어려울 것 같다고 우려를 표했다. 건축위원회는 고민에 빠졌다. 하지만 건축위원회와 나는 H건축을 신뢰하기로 했다.

"목사님, 제가 입찰에 참여한 것은 단순히 이익을 얻기 위함보다 거룩한 성전 건축에 쓰임 받고 싶어서입니다. 낮은 공사비가 의심스러우면 직영(공사주가 분야별 기술자를 불러 직접 지휘하여 짓는 건축방식)으로 하십시오. 완공 후 남는 것이 있으면 주시고 남는 것이 없으면 봉사한 것으로 하겠습니다."

건축위원회는 다소 부담감을 안은 채 H건축에 공사를 맡기기로 했다. 누구보다 나는 마음을 졸이며 기도했다. 그 후 건축 공사는 평안한 가운데 아무런 소음 없이 진행되었다. 단 한 건의 사고도 없었다. 설계 변경으로 인한 추가 공사비는 발생했으나 적절한 합의를 거쳐 무사히 공사를 완공했다. 적은 공사비로 적자 없이 마친 이유중 하나는 지하 터파기 공사비를 줄였기 때문이다. 교회 주변 밭을 우리 교회가 주말농장으로 사용하고 있어서 흙을 그곳에 쌓아 두었다가 다시 지하를 채운 후 남는 흙은 낮은 지대 부토로 사용했기 때문이었다.

광남교회당은 건축 후 11년이 지났다. 지금까지 큰 하자 없이 여전히 건재하다. H건축 박귀헌 사장은 자주 교회에 들러 건물을 살피며, 자그마한 문제만 생겨도 보수해 주고 있다. 최장기 서비스를 받는 셈이다. 그 여정에 고마운 또 한 분은 건축에 대한 철학이 확고한 유성식 현장 소장님이다. 그분의 섬세함과 굽히지 않는 주관이 있었기에 튼튼하고 편리한 건물로 완공할 수 있었다. 나는 지하실 복도 간격을 줄이고 실내 교육 공간을 넓게 하자고 우겼으나 그분 고집은 꺾을 수 없었다. 내 말대로 했으면 너무 답답한 공간이 될 뻔했다. 광남교회 성전 건축은 처음부터 끝까지 아무런 잡음 없이 평안한 가운데 지어졌다. 솔로몬 왕의 성전 건축 때처럼 연장 소리 하나 나지 않고 순탄하게 완공한 것이다.

주님! 좋은 분들을 만나게 해주시고, 돕는 그들의 손길을 통하여 솔로몬 성전처럼 지을 수 있게 인도해주셔서 감사합니다. 이 성전을 통하여 자자손손 영광 받으소서!

사랑과 헌신으로 세워진 교회당

광남교회는 수많은 분의 사랑과 헌신으로 세운 성전이다. 다윗 왕처럼 미리 준비하자고 건축 헌금 약정서까지 작성하고 건축 헌금 드리기에 힘썼다. 하지만 공사 중반에 이르니 건축 자금이 바닥났다. 큰 금액을 약정하신 분들은 믿음으로 작정은 했지만, 여의치 않은 현실로 드리지 못하는 분이 많았다. 설상가상 은행 대출이 제때 나오지 않았다. 공사비를 지급하기 어려운 상황이 되었다. 유난히도 더운 그해 여름, 땀을 뻘뻘 흘리며 공사장에서 일한 인부들에게 인건비를 드리지 못하게 되자 너무나 미안했다. 공사 중단 위기에 처했다.

그런데 하나님은 의외의 방법으로 일하여 주셨다. 공사비 조달의 어려움을 가까이 지내는 목사님들에게 말하며 기도를 부탁했는데, 우리 노회에 속한 금성교회 이성오 목사님이 당회에 우리 교회의 형편을 알리며 의논한 결과, 자신들의 교회를 건축하려고 모아 둔 건축 헌금에서 이자 없이 빌려주기로 했다. 큰돈이었다. 그리고 김상철 목사는 자청해서 적지 않은 금액을 빌려주었다. 고척교회 조재호 목사님은 월삭 기도회 특별헌금 천만 원을 우리 교회에 보내 주셨다. 밴쿠버에 살고 있던 이연선 권사님은 때마침 한국에 귀국했다가 힘껏 건축 헌금을 해주셨다. 하나님은 고비마다 사랑하는 분들의 협력으로 무사히 넘어가게 도와주셨다. 농협 조합장 고 박진택 집사님은 수월하게 저리 대출을 받게 해주셨다. 나는 대출금이 나오자 즉시 돈을 빌려준 교회에 갚았다. 신학교 때 함께 자취했던 친구 김상철 목사가 껄껄 웃었다.

"아니 벌써 갚아? 난 못 받을 각오로 빌려주었던 것인데. 허허."

광남교회 성전은 온 교우들의 기도와 눈물과 헌신과 사랑으로 세워졌다. 잘사는 분이 많은 것도 아니요, 교인 수가 많은 것도 아닌데, 크고 아름다운 성전을 그린벨트인 사들 땅에 세운 일은 전적으로 하나님 은혜다. 온 성도님들의 헌신 덕분이었다. 김순완 권사님의 큰아들인 이원표 집사님은 우리 교회에 출석하는 분이 아니었다. 본인은 서울에 살면서도 어머니가 섬기는 교회이자 자신의 고향 교회라는 이유로, 스스로 심중에 건축 헌금을 작정하고 건축이 끝난 이후에 아주 큰 금액을 하나님께 드렸다.

광남교회 성전 건축에는 이처럼 다양한 분의 사랑의 동참과 헌신이 있었다. 지원상 사장님이 전기공사를 아주 저렴한 가격으로 꼼꼼하게 해주셨을 뿐만 아니라, 공사 후 500만 원을 헌금해 주셔서 찬양팀 앰프를 구입하였다. 개봉중앙교회 박정호 목사님은 카페테리아 테이블과 의자 구입대금 전액을 헌금해 주셨다. 고척교회 안승한 장로님은 광남교회 성전 건축을 자신의 교회 건축처럼 기뻐하시며 무거운 금일봉을 헌금하셨다.

2009년 12월 20일, 아직 준공 허가가 나지 않은 상태에서 임시 사용 허가를 받아 입당 예배를 드렸다. 그동안 좁은 지하 성전에서 예배드린 교우들은 원형으로 된 넓은 예배당과 현대식 의자에 앉자 새로운 앰프 시스템을 통하여 말씀을 듣고 하나님을 찬양하니, 천국에 들어와 예배하는 것 같다며 감사했다. 이전에는 단지 예배당 공간만 있었는데, 이젠 넓은 현관에 로비가 있고 카페가 있어 교제하기 좋아졌다. 식당은 150석으로 넓고 우아하게 꾸미고, VIP실은 주로 새 가족을 맞이할 때 사용한다. 지하는 유치, 아동, 중고등부, 청년회 등의 교육 공간으로 자유롭게 활용한다. 교우들은 자신의 기도와 눈물과 사랑의 헌신으로 세운 교회당이라 더욱 기뻐하며 하나님께 영광을 돌렸다.

결혼 축의금이 건축 헌금으로

우리 교회는 전 교우가 다윗 왕처럼 성전 건축 자금을 준비하려고 〈새성전건축약정 서약서〉를 건축 시작 3년 전부터 시작했다. 나 역시 평생 마지막 건축 헌금이라 생각하며 믿음으로 힘껏 약정하여 하나님께 약정서를 드렸다. 교회에서 받는 생활비를 절약하여 드리기에는 감당하기 어려운 약정금액이었다. 조금씩이라도 약속을 지키려고 힘쓰는 중에 하나님이 일하여 주시는 놀라운 체험을 했다.

그 무렵 많이 부족한 목사인데도 부흥강사로 자주 초청되었다. 노회 내 교회에서 헌신예배 강사로 초청을 받아 강사 사례비를 받게 해 주셨다. 선한 목적을 위하여 약속하다 보니, 하나님이 그런 방법으로 건축 헌금을 드리도록 도와주셨다. 그러나 공사 시작일은 가까워지는데 약정한 금액에는 턱없이 부족했다.

그런 와중에 갑작스레 딸의 결혼 이야기가 나왔다. 대학을 졸업하고 이제 막 인천시립합창단에 들어갔는데 우리 교회 청년이자 장로님 아들이 딸에게 사랑을 고백한 것이다. 두 사람은 어려서부터 아래윗집에서 살았다. 교회 오빠와 동생처럼 지냈다. 청년 아버지가 우리 교회 장로님이다 보니 너무나 부담스럽고 조심스러웠다. 더구나 딸 나이가 아직 어려서 쉬이 결혼을 승낙하기 어려웠다.

나와 아내는 딸의 선택을 존중해 부모가 관여하지 않겠으니 너 자신이 결정하라고 했다. 고민하던 딸은 아직은 결혼할 때가 아니라고 청년에게 말했다. 딸보다 5살이나 많아 결혼 적령기가 된 그는 낙심했다. 결혼하지 못하면 해외로 유학을 떠난다고 했다. H자동차 연구원이면 좋은 직장인데 해외로 가면 어쩌나 하는 생각에 여러 면으로 안타까웠다.

어느 날 그 청년이 새벽기도에 나왔다. 목사님이 설교하실 때 "구하라 주실 것이요 찾으면 찾을 것이요 문을 두드리면 열릴 것이라"

고 말씀하셨으니, 그 약속의 말씀을 붙잡고 작정 기도회를 시작했다는 것이다. 나는 크게 부담이 되었다. 평소 믿음으로 기도하면 하나님이 들어 주신다고 설교했는데, 만일 이루어지지 않아서 저 청년이 낙심하면 어쩌나 몹시 걱정스러웠다. 그래서 딸에게 말했다.

"군대 갔다 왔으니 건강하고 믿음도 있고, 대기업에 다니니 좋은 직장을 가진 청년 아니냐. 아빠 너만 좋다면 오케이다."

2007년 6월 23일, 딸은 결혼했다. 우리 교회당은 반지하로 좁은 공간이어서 고척교회당에서 결혼식을 했다. 조재호 담임목사님 사회로 김제건 원로목사님이 설교하셨다. 대학합창단 찬양이 울려 퍼지는 마치 음악회와 같은 결혼식이었다. 고척교회 권사님들은 손수 음식을 만들어 교회 식당에서 결혼 잔치를 했다. 고척교회에서는 고작 3년간 부목사로 사역했다. 고척교회를 떠나온 지 20여 년이 지났는데도 그처럼 섬겨 주셨다.

결혼식을 마치고 노회의 최영관 목사님은 하객 명단을 건네주며 한마디 하셨다.

"목사님, 웬 손님들이 그리 많아요. 가방이 무거워요."

집에 와서 보니 내 생애 처음 보는 큰 금액이 들어 있었다. 나는 그날 저녁 잠이 오지 않았다. 저 돈 가방을 어디다 숨겨야 안전할까. 혹 돈 냄새를 맡고 양상군자라도 오면 어쩌나 불안했다. 다음 날은 주일이었다. 나는 딸과는 아무런 의논 없이 아내와 상의한 후 결혼 축의금을 몽땅 건축 헌금으로 드렸다. 세월이 지난 어느 날 딸은 이렇게 말했다.

"아빠는 내 친구들 축의금까지 헌금으로 드리면 어떡해요. 그 빚 제가 아직도 갚고 있어요."

심 봉사의 약속과 심청이의 효심 이야기가 생각났다. 그렇게 결혼한 딸은 사위와 함께 두 딸을 낳고 지금은 싱가포르에서 잘산다. 나는 모든 방면으로 기적을 행하시는 하나님을 찬양한다.

행복한 만남이 있는 전원교회

언젠가 '교회란 무엇인가'를 주제로 세미나를 한 적이 있다. 그룹별로 주제를 정하고 토의한 후 내용을 재미있게 설명해보라 했다. A 그룹장이 나와 발표했다.

"교회란 병원과 같습니다. 영, 혼, 육에 병든 환자들이 많이 나오는 곳이기 때문입니다. 예수님께서도 친히 말씀하셨습니다."

그리고는 다음의 성경 구절을 읊었다.

건강한 자에게는 의사가 쓸데없고 병든 자에게만 쓸 데 있느니라. 너희는 가서 내가 긍휼을 원하고 제사를 원하지 아니하노라 하신 뜻이 무

엇인지 배우라 나는 의인을 부르러 온 것이 아니요 죄인을 부르러 왔노라 하시니라 (마9:12-13)

평신도들의 이해와 표현이 많은 것을 깨닫게 했다. 간혹 교회 안에서 문제가 발생하는 이유는 환자들이 많아서 그렇구나. 만병의 의사 되신 예수님을 만나 치유받아 새사람이 되어 새로운 삶을 살게 하는 일이 교회의 사명임을 새롭게 느꼈다.

B그룹장이 나왔다.

"교회란 목욕탕과 같습니다. 구원받은 이후에도 먼지 많은 이 세상을 살다 보면 더러워지고 때가 끼게 됩니다. 주님이 주시는 성수와 보혈의 피로 영, 혼, 육의 때를 깨끗하게 씻김을 받게 됩니다"라고 말한 뒤 성경 구절을 읽었다.

만일 우리가 우리 죄를 자백하면 그는 미쁘시고 의로우사 우리 죄를 사하시며 우리를 모든 불의에서 깨끗하게 하실 것이요(요일1:9)

그리고 나서는 "뜨거운 온탕에 들어가 온역을 하다 보면, 혈액순환이 잘 되어 시원하고 영혼육 전체가 두루 건강하게 됩니다"라고 정리했다.

C그룹장이 발표했다.

"교회란 생명보험회사와 같습니다. 이 시대는 보험이 많습니다. 미리미리 보험을 들어 놓으면 어려움을 당할 때 큰 도움을 받게 되듯이 불확실한 미래를 위한 최고의 보험입니다. 특히 천국생명보험주식회사라 칭하고 싶습니다."

이렇듯 강하게 역설하며 성경 구절을 덧붙였다.

너희는 마음에 근심하지 말라 하나님을 믿으니 또 나를 믿으라. 내 아버지 집에 거할 곳이 많도다. 그렇지 않으면 너희에게 일렀으리라 내가 너희를 위하여 거처를 예비하러 가노니 가서 너희를 위하여 거처를 예비하면 내가 다시 와서 너희를 내게로 영접하여 나 있는 곳에 너희도 있게 하리라(요14:1-2)

D그룹장이 발표했다.

"교회란 구원선과 같습니다. 노아의 방주와 같습니다. 그런데 현대교회는 전투함이나 유람선 같이 변질한 면도 없지 않아 있습니다."

이어 성경 구절을 읽고 찬송가를 불렀다.

그러므로 너희는 가서 모든 민족을 제자로 삼아 아버지와 아들과 성령의 이름으로 세례를 베풀고 내가 너희에게 분부한 모든 것을 가르쳐 지키게 하라 볼지어다 내가 세상 끝날까지 너희와 항상 함께 있으리라 하시니라(마28:19-20)

물 위에 생명줄 던지어라 누가 저 형제를 구원하랴 우리의 가까운 형제이니 이 생명줄 그 누가 던지려나. 생명줄 던져 생명줄 던져 지금 곧 건지어라(새 찬송가 500장)

나는 새 성전을 짓고, 교회를 홍보하고 전도하기 위해 전도지와 교회 안내지를 만들 때마다 '행복한 만남이 있는 광남 전원교회'란 문구를 사용했다. 교회란 어떤 곳일까? 하나님과 만남의 집이요. 좋은 성도들과 만남의 집이 아닐까 한다. 나는 지난날 교회에 학교 공부 배우러 갔다가 주님을 만나 시쳇말로 팔자 고침을 받았다. 예수 잘 믿는 인간 천사들을 만나 많은 도움을 받고 행복한 삶을 살았다. 나의 목회 철학 속에는 예수님을 만나 영혼이 구원받아 천국에 들어가는 것만이 아니라 성화 구원, 즉 하나님의 형상인 인간성 회복도 있다. 그래서 아이들 전인교육을 위하여 교회 앞마당에 잔디밭을 조성하여 뛰어놀게 하고, 토끼와 닭과 은계 금계 새들이 함께 숨 쉬는 작은 동물농장을 고집스럽게 운영했다.

| 제 4 장 |

가족
이야기

내 영혼이 은총 입어 중한 죄 짐 벗고 보니
슬픔 많은 이 세상도 천국으로 화하도다.
할렐루야 찬양하세 내 모든 죄 사함 받고
주 예수와 동행하니 그 어디나 하늘나라.

아버지께 드리는 편지

아버지 오랜만에 아버지를 불러 봅니다. 어느덧 저도 장성한 자식을 둘이나 두고 생전의 아버지보다 더 나이가 들었습니다. 그런데도 제 마음 깊은 곳에서 풀리지 않은 응어리가 아버지를 향해 똬리를 틀고 있었나 봅니다.

55세 때 갑작스러운 비보를 듣고 집에 갔을 때, 아버지는 이미 세상을 떠나신 뒤였지요. 저는 황망 중에도 고개를 쳐드는 한 생각에 사로잡혀 있었습니다. '아버지는 잘 돌아가신 거야. 정말 잘된 일이야 …'라고요. 아버지, 이때까지 누구에게도 못한 이 말을 오늘 비로소 고백합니다.

철없던 저는 아버지가 늘 술에 취해 있는 모습이 싫었습니다. 그래서 아버지가 말씀하실 때 늘 부정적으로 받아들였습니다. 상급학교에도 보내주지 않으시고, 신학교에 가기보다는 어부가 되기를 바라셨지요. 어머니와 잦은 불화도 저는 견디기 어려웠습니다. 모든 것이 아버지 책임이며, 아버지의 잘못이라 생각했습니다. 제 딴엔 세끼 끼니 걱정이 제일 크던 시절이긴 했지요. 하지만 아버지, 이제는 알 것 같습니다. 등 따습고 배부른 시절을 살아보니, 팍팍한 세월을 살아오신 아버지의 고뇌가 조금이나마 이해가 됩니다.

그때 아버지는 얼마나 힘이 드셨을까요. 책가방 대신 나무지게를 메고 대문을 나서는 어린 아들의 뒷모습이 아버지 당신을 얼마나 절망케 했을까요. 자식 입에 밥 들어가는 것이 마른 가리 물들어가는 것보다 좋다던 어르신들 말씀도 생각이 납니다. 아내에게 따뜻한 코트를 사주기는커녕 아내의 품삯으로 술을 마시던 남편의 자존심을 취기로 감추지 않으면 달리 무엇으로 숨길 수 있었을까요? 가뜩이나 건강도 좋지 않으셨는데요.

아버지는 어촌마을에서는 보기 드문 인텔리셨는데…. 중절모에 양복을 입고 나서시던 아버지, 멋쟁이 신사였지요. 아버지의 식견은 이웃에도 도움이 많이 되었습니다. 아무리 술에 취해도 집밖에서는 실수하지 않던 아버지.

아버지 저도 아비가 되어보니 조금은 알 것 같습니다. 아버지가 술에 취해 큰소리치시던 때가 아버지로서 가장 마음 아픈 순간이었다는 것을. 어머니에게 화풀이할 때가 아내를 가장 신뢰하고 미안해하던 순간이라는 것을.

아마 제가 배고픈 시절을 더 견뎌야 했더라면, 또 그토록 귀한 인연을 하나님께서 제게 보내 주지 않았더라면, 저도 지금보다 더 거친 사람이 되었거나 불친절한 남편으로 아내를 힘들게 하고 덜 자상한 아버지가 되어 있을지도 모릅니다. 이제 와 생각해 보니 그렇게 흘러간 세월이 야속합니다.

성인이 된 지 오랜 지금, 아버지와 같이 식탁에 앉아 밥을 먹을 수 있다면 얼마나 좋을까요. 그러면 아버지 당신을 친구처럼 이웃처럼 알아갈 수 있었을 텐데요. 부모는 기다려 주지 않으니 젊을 때 힘껏 효도하라는 말, 저는 너무 늦게 그 뜻을 알게 되었습니다.

아버지, 제가 아버지 곁으로 가는 날 꼭 같이 정종 한 잔 나누고 싶습니다. 인간적인 너무나 인간적이었던 아버지, 보고 싶습니다.

어머님 전 상서

어머니 오늘은 엄마가 하늘나라로 가신지 31주기 추도일이군요. 천국의 주님 품에서 세상 근심 다 내려놓고 안식하고 계시지요? 솔직히 얼마 전까지 어머니 생각을 많이 하며 살았습니다. 그런데 근래에 와서는 자주 잊고 지냅니다. 세월 탓이겠지요. 어머니, 추도일이나 어버이날이 되면 베풀어 주신 사랑이 기억납니다. 어머님은 막내인 저를 유독 사랑해 주셨지요. 칭찬도 많이 해주시고요. 어머니께 꾸중을 들은 기억이 별로 없네요. 제가 항상 착한 아들이었던 것도 아닌데, 어머니는 늘 저를 감싸 주셨지요.

밖에서는 한없이 유순하고 이해심 깊은 남편이 집안에선 술과 함께 늘 호랑이를 잡았지요. 그런데 어머니는 아버지를 존중하고 섬기셨습니다. 부뚜막에서 식사하시고, 아버지와 저희는 안방에서 밥상을 받았습니다. 그때는 그래도 되는 줄 알았습니다. 지금 돌이켜 생각해 보니, 너무나 철이 없었습니다. 어머니, 자식은 평생 부모를 이해 못 한다더니, 어머니 노고가 왜 그때는 보이지 않았을까요. 어려서 그랬노라 변명하기도 부끄럽습니다.

어머니는 농사철에는 논밭에서 일하시고, 여름 피서철이 되면 오이 애호박 채소를 머리에 이고 나가 만리포해수욕장 길바닥에서 팔아 오곤 하셨습니다. 무더운 한여름 모래사장의 텐트를 오가며 외치셨지요. "오이 사세요. 채소 사세요." 어머니도 여자고 부끄러움 많은 사춘기 시절이 있었을 텐데, 저는 어머니의 억척스러움이 날 때부터 그러신 줄 알았습니다. 저는 어머니가 약속한 10원짜리 종이돈을 받으려고 설거지를 해놓고 한껏 우쭐했었습니다.

어머니는 명절 때만 되면, 장독대와 방마다 밥과 국그릇을 올려놓고 비셨지요. 앞날이 보이지 않는 가난한 살림살이에 어머니는 얼마나 간절했을까요. 돌이켜 생각해 보니, 어머니는 겨우 40대 안팎이었군요. 장마철에 벽이 무너져도 동티난다고, 손 없는 날을 기다렸다가 수리하곤 하셨지요. 어머니의 샤머니즘은 가난 때문이 아니었을까요. 간절함은 철없던 저에게도 있었기에, 그때 어머니와 함께했겠지요. 하지만 부모님의 한 많은 가슴속을 옹졸한 제가 어찌 다 헤아릴 수 있겠어요.

그런데 미신을 그토록 지극정성으로 섬기신 어머니께서 큰형님이 돌아가신 후 천리포교회로 나오시던 날 저는 참으로 기쁘고 감사했습니다. 아들 잃은 슬픔을 극복하시고 후일 교회의 집사 직분을 받아 충성하실 때는 더욱 기뻤습니다. 새벽이면 꼬박꼬박 30분 전에 기도드린 후 새벽 초종을 치시던 어머님의 기도 생활이 존경스러웠습니다. 아들이 신학생이어서 그러셨는지 교회 교역자님을 섬기는 어머님의 사랑은 대단하셨습니다. 얼마 전 총회에서 천리포교회에 계시던 황종연 목사님을 만났는데 이렇게 말씀하시데요.

"신 목사님, 전 평생 김순동 집사님 사랑을 잊을 수가 없습니다. 목사님 어머님의 사랑 때문에 어려움을 견딜 수 있었습니다."

어머니, 원래 어머니는 베푸는 일을 좋아하셨습니다. 심지어 집 앞을 지나가는 사람들까지 대접해야 속이 풀리셨지요. 아마 어머니가 뿌려 놓은 사랑의 열매를 제가 추수하고 있나 봅니다. 오래전 미국에서 외사촌 형님을 만났습니다.

"나는 고모님의 사랑을 참 많이 받았다."

이렇게 말하며 형님이 용돈을 두둑이 주셔서 냉큼 받았습니다. 저는 어머니가 심어놓은 사랑과 기도 덕분에 행복한 목회 생활을 합니다. 가정도 평안합니다. 어머님께 염치없을 만큼이요. 감사합니다. 다음엔 캐나다와 싱가포르에 사는 손주들 이야기도 들려 드릴게요.

세 분의 아버지

나에겐 세 분의 아버지가 있다. 나를 낳아주시고 키워주신 육신의 아버지, 믿음의 아버지 이현 목사님. 그리고 세 번째 아버지이자 내 영혼의 어버이시며 지금도 나와 함께 계시고, 앞으로도 영원히 함께 하시는 '하나님 아버지'다.

육신의 아버지에 대한 기억은 부정적인 것이 더 많았다. 가난한 아버지, 술에 취해 누워 있던 아버지, 어머님과 자주 다투던 아버지, 55세에 뇌출혈로 세상을 떠나버린 아버지. 그런데도 동네 사람들에게는 법 없이도 살 사람이라는 평을 듣던 애증의 아버지. 나는 아버지의 고뇌를 이해하기까지 오랜 시간과 기도가 필요했다.

이현 목사님은 수도원에 계실 때, 새벽기도를 마친 후 뒷산에 자주 오르셨다. 거기엔 목사님 전용 기도동굴이 있었다. 목사님께서 내 손을 잡고 기도하실 때, 내 심령에 임하던 성령님의 임재와 목사님의 따뜻한 사랑의 기운은 항상 내 가슴을 뜨겁게 했다.

목사님은 식사 예법도 가르쳐 주셨다.

"아들, 숟가락과 젓가락을 한 손에 집고 식사하는 것은 좋지 않은 습관이야. 앞으로 심방 때에도 식사하게 될 텐데, 숟가락과 젓가락을 따로따로 들고 식사하게나."

그땐 무척 창피하고 무안했다. 그러나 소소한 습관까지 가르쳐 주신 자상함을 잊지 못한다. 47년 전 이 목사님은 드넓은 예당평야를 바라보시면서 앞으로 이곳에 큰 도시가 들어설 것이라고 예언하셨다. 그때 같이 간 우리 일행은 아무도 믿지 않았다. 그러나 현재 수암산수도원 앞에는 충남도청이 들어섰다.

이현 목사님, 나의 믿음의 아버지는 2010년 3월 10일 광남교회 입당식 날 87세의 노환 중에도 올라오셔서 축도를 해주셨다.

"내 아들 신 목사, 귀한 일 했다. 난 오늘 참 행복하다."

짧고도 깊은 한 말씀이었다. 나의 믿음의 아버지, 이현 목사님은 그해 8월 3일 하늘나라로 이사하셨다.

육신을 낳아 길러 주신 아버지도, 목사가 되도록 키워주신 믿음의 아버지도 내 곁을 떠나가셨다. 그러나 내겐 아버지가 한 분 더 있다. 두 분 아버지의 아버지시며 만민의 아버지이신 주 예수그리스도, 하나님 아버지. 삶의 굽이마다 아버지를 만나게 해주셔서 감사하다.

둘째 형님

우리 형제는 4남매다. 맏이 누님은 올해 87세. 어머니 같은 누이다. 내가 어렸을 때 결혼하여 누님과 함께 살아본 기억이 별로 없다. 그런데도 누님은 막내인 나를 무척 챙긴다. 농산물이나 해산물을 철

따라 보내온다. 자녀도 많은데 나를 잊지 않는다. 지난날 우리 아버지는 외동딸을 고생시키지 않을 집안으로 시집보내기 위해 초등학교 교사와 결혼시켰다. 그런데 누님은 평생을 선생님 사모님으로 살지 못하고 시골에서 시부모를 섬기며 살았다.

허리가 90도나 굽었는데도 자식 농사를 돕고 있다. 나는 누님의 수고를 다른 것으로 보답할 수 없어 가끔 무언가를 보낸다. 그리고 누님에게 복음을 전하고 예수님을 영접케 했다. 지금은 천국 소망을 품고 살고 있다. "목사님, 엄마 계신 천국에 가려면 예수님을 믿어야지? 천국에 가면 엄마를 만날 수 있겠지?"

우리 집의 희망이던 큰형님은 내가 어릴 때부터 서울에서 살다가 29세 젊은 나이에 세상을 떠났다. 그러므로 나는 큰형님과는 추억이 거의 없다. 둘째 형은 함께 지낸 시간이 많다. 어린 시절 유난히 둘째 형을 따라다녔다. 네 살 터울인데 부모님이 형님을 부를 때처럼 형님 이름을 불러서 꾸중을 듣곤 했다. 형 친구들과 노는 곳에 나도 함께 가고 싶은데 끼워 주지 않을 땐 몹시 서운했다. 그래서 형들의 잘못을 아버지께 고자질한 적도 있다. 나는 작은 형의 껌딱지였다. 철이 들어 생각해 보니 그때 형은 얼마나 귀찮았을까?

둘째 형은 부모님 사랑을 많이 받지 못했다. 큰형은 장남이라서, 특히 객지에서 혼자 사니까 남달리 생각하셨고, 난 막내라고 유난히 챙기셨다. 그러나 중간에 낀 둘째 형은 아래위로 눌리며 사랑을 많이 받지 못했다. 힘든 일은 늘 작은형이 감당했다. 부모님은 칭찬보다는 책망하는 경우가 많았다. 그러다 보니 형은 부모님과 자주 부딪쳤다. 특히 어머니와 더 많이 부딪혔다. 아버지가 술 취한 날이면 어머니는 작은형에게 아버지 뒤치다꺼리를 시키곤 했다. 사실 그때 형님은 장성한 청년이 아니었는데 집안의 궂은일을 도맡았다. 둘째 형은 어머니와 말다툼을 하면서도 늘 하던 말이 있다.

"그래도 어머님은 저와 함께 살게 되실 겁니다. 제가 모실 거니께."

말이 씨가 된다던가, 어머니는 둘째 형이 봉양했다.

교회 개척 초기 어머니는 건강이 나빠져서 한 달 동안 우리 집에 거하며 병원에 다니셨다. 병원에서 노환이라 뾰족한 치료가 없다 하여 결국 다시 형님댁으로 내려가셨다. 중풍으로 여러 해 누워 계시다가 천국으로 가셨다. 긴 병에 효자 없다고 했는데, 형님과 형수님은 오 년 동안이나 어머님의 대소변을 받아내며 간병했다. 요양병원이 없던 시절, 형님과 형수님의 어머니 봉양은 대단한 고통이었을 것이다. 간혹 찾아가 인사만 드린 나는 불효도 모자라 매정한 동기간이 되어 버린 것만 같았다.

형님과 형수님은 목회하는 동생이라 이해해 주고 배려해 주셨다. 철마다 우량한 농산물을 골라 동생에게 보내온다. 지난날 형님은 장신대 대학등록금도 마련해 주고, 신혼집을 구할 때 어려운 형편 속에서도 전세보증금을 마련해 주었다. 형만 한 아우 없다는 말이 달리 나왔을까. 최근에 통화할 일이 있어 안부를 물으니, 어깨 회전근개 파열 수술을 받아야 한다고 한다. 지난날 수산물 장사를 할 때 어깨를 너무 무리하게 사용해서 생긴 질환이다. 죄송함과 안타까움이 사무친다. 주님의 치료하심을 기도한다. 형님 내외를 모시고 꼭 해외여행을 가보리라 계획해 본다.

다시 생긴 큰형님

우리 집안의 희망이던 큰형은 29세에 하늘나라로 갔다. 그런데 큰형이 다시 생겼다. 그 형은 서울에서 사귄 큰형의 친구, 김명환 집사님이다. 명환 형님은 큰형과 여름 휴가철에 우리 집으로 피서를 오곤했다. 훤칠한 외모에 기타도 잘 쳤다. 동네 아가씨들에게 인기 있는 서울 총각이었다. 큰형의 비보를 전하자 형님은 즉시 내려와 장례를 함께 치렀다. 서울로 올라간 형님은 자신을 아들로 받아 달라는 편지를 보냈다. 형님은 일찍이 부모님을 여의고 청년 가장이 되어 여동생과 함께 살았다. 우리 어머니 역시 형님을 아들로 여기셨다.

자식이 죽으면 가슴에 묻는다고 했던가. 큰형이 돌아가신 후 어머니는 명절이 되면 큰형을 향한 그리움 때문에 우울증이 심해지곤 했다. 그래서 어머니를 서울 명환 형님 댁으로 모시고 가서 명절을 보낸 적도 있었다.

충남 성서신학원에서 공부할 때 가끔 서울에 올라갔다. 안 권사님 댁도 방문하고 형님 댁도 갔다. 안 권사님 댁에서 잠을 자고 가라고 하셨지만, 나는 명환 형님 댁에서 신세를 졌다. 형님 댁은 약간 넓은 단칸방에 아이들과 4식구가 살았다.

내가 친구와 함께 자취를 시작하기 전에는 약 1년 반을 형님 댁에서 기거하며 신학교에 다녔다. 형님네 공장 직원들이 자는 2층 다락방에서 잠을 자고, 형수님이 해주는 밥을 어린 조카들과 함께 한 상에서 먹었다. 나는 교육전도사 사례비를 받으면 형수님께 드렸다. 하숙비라기엔 턱없이 부족한 금액이었다.

개척교회를 하면서 아내가 아픈 적이 있었다. 심신을 달래기 위해 고척교회 김제건 목사님의 배려로 2박 3일간 여행을 가게 되었다. 어린 딸과 아들을 맡길 곳이 없어 형수님께 부탁하니 흔쾌히 봐주셨다.

명환 형님네는 교회에 나가지 않았다. 나는 여러 번 전도했다. 몇 년이 지난 후 내가 광남교회를 개척하자 처음에는 동생을 위하는 마음으로 홍제동에서 광명시 우리 마을까지 왔다. 일산 고양시로 이사 간 후에도 광명에 있는 우리 교회에 출석하고 내외분이 집사 임명을 받았다. 명환 형님은 10년 전 온양으로 이사했다.

두 분은 매주 전철을 갈아타고 교회에 출석했다. 건강하던 형님은

5년 전 갑자기 뇌출혈로 쓰러졌다. 동생이 아닌 목사로서 입관 예배를 집례해야 했다. 그러나 형님의 죽음을 받아들이기 힘들었다.

"형님, 저의 큰형님으로 살아주시고 사랑해 주셔서 감사했습니다. 천국에서는 주는 사랑보다 사랑받는 영생을 누리십시오."

명환 형님이 떠난 후 형수님은 먼 거리에 있는 우리 교회에 나오지 못하고 가까운 교회에 출석하게 되었다. 나는 어버이날이 있는 5월에 온양에 계신 형수님을 찾아가서 예배를 드렸다.

"형수님. 지난날 특히 신학생 때 친동생처럼 여겨주시고 도움 주셔서 감사했습니다."

딸이 첫 출근하던 날

딸 선혜는 고척동에서 태어났다. 생후 1년이 되었을 때, 광남교회를 개척하여 광명시 사들로 이사하자 시골에서 자랐다. 교회당이 사택이요 사택이 교회이다 보니 자연스럽게 교회 예배 문화에 익숙한 아이로 자랐다. 특히 찬양을 좋아해서 경대를 무대 삼아 찬송가를 부르고 때로는 지휘자 흉내를 내며 놀았다. 딸은 교회 반주자로 봉사하던 변미경 선생으로부터 피아노 레슨을 받았다. 초등학교 4학년이 되자 서툰 재능으로 아동부 예배 반주자가 되었다. 중학생 때에는 교회 반주자가 자리에 없을 땐 장년 예배 반주도 곧잘 도와주었다. 특히 내가 설교 중에 즉흥적으로 찬양을 부를 때는 악보 없이 내 음에 맞춰 반주해 주는 재능이 있다. 하나님이 주신 특별한 은사다.

광명여중을 졸업한 딸은 당시 새롭게 떠오르던 동산교회에서 세운 안산 동산고등학교에 들어갔다. 경쟁률이 높았으나 무난히 합격했다. 그러나 그해 1년을 마치고 학업성적표를 받은 딸은 울고불고 야단이 났다. 성적이 하위로 내려간 것이다. 중학교 때는 상위권을 유지했는데 하위권이 되자 힘들어 했다. 사립 고등학교다 보니 전국에서 수준 높은 학생이 많이 입학한 결과다.

딸을 위로하며 진로 목표를 분명히 하라고 권했다. 본래 성악과를 가려고 했으니 여타의 학과목에 너무 매달리지 말고 성악 레슨에 집중하라고 권유했다. 때마침 학교 근처 교회 지휘자를 만나 레슨을 받았다. 레슨비는 거의 무보수나 다름없었다. 특차로 대학에 들어가려면 콩쿠르 대회 입상 경력이 중요했다. 그래서 몇몇 콩쿠르에 지원서를 내고 출전하여 몇 개의 상을 수상했다. 고등학교 음악 선생님은 교과서를 집필하면서 딸을 발성 모델로 넣었다. 학교에서 노래 잘하는 학생으로 제법 인기가 있었다.

딸은 부푼 꿈을 안고 대학 성악과 두 곳에 1차 지원서를 냈다. 반주자를 데리고 가서 실기 시험을 치렀다. 그런데 합격통지서가 오지 않았다. 재수를 할까, 아니면 2차 지원서를 내고 시험을 볼까, 고민의 고민을 계속하였다. 재수한다면 나에겐 큰 부담이었다. 예능 재수는 레슨비가 많이 들어서 감당하기 어려울 것 같았다. 그래서 은근히 성악 합창에 유명한 곳이 있으면 지원해 보라고 권했다. 고민하던 딸은 서울신학대 성악과에 지원했다. 처음애 원하던 대학은 아니었지만, 그 대학의 성악과는 지명도가 높았다. 특히 한국대학합창단을 창단한 지휘자 최훈차 교수님이 재직 중인 대학이었다. 다른 대학에 진학하더라도 딸은 이미 그 대학합창단에 들어가기로 되어 있었다.

딸은 학교생활과 대학합창단 활동을 열심히 했다. 국내 연주는 물론 방학 땐 해외 순회연주를 다녔다. 대학합창단은 합창만 배우는 곳이 아니었다. 신앙심과 함께 인성교육에 힘쓰는 곳이었다. 날이 갈수록 딸의 예의와 섬김이 눈에 띄게 성장했다. 2002년 졸업을 앞둔 해, 인천시립합창단 소프라노 채용공고가 났다. 딸은 지원서를 냈다. 모집인원은 2명인데 지원자는 102명이었다. 2차에 걸쳐 시험을 봤다. 나는 그때 딸에게 약속했다.

"네가 합격하면 출퇴근할 자동차를 사도록 허락해 주마."

최종합격자 발표가 있는 날, 딸이 두 명 안에 있다는 소식이 전해져 왔다. 아내와 우리 셋은 펄쩍펄쩍 뛰면서 하나님을 찬양했다. 딸의 합격은 노래를 잘해서 가능했을 테지만, 결코 그것만은 아닐 것이다. 졸업 연주회에서 메시야를 연주할 때, 솔리스트 경력도 참고가 되었을 것이요, 또한 대학합창단에서 받은 훈련과 합창의 권위자인 최훈차 교수님의 지도 덕분일 것이다. 간절히 기도한 나는 전적으로 하나님의 은혜라고 믿는다.

2002년 11월, 딸은 인천시립합창단에 처음 출근했다. 나는 딸을 태우고 인천예술회관을 찾아갔다. 회관은 크고 웅장했다. 딸을 내려주고 집으로 돌아오는 길엔 만감이 교차했다. 딸은 원하는 대학입시에 떨어져 낙심하고 힘들어 했다. 나는 부모로서 저명한 교수의 레슨을 받게 해주지 못해서 미안했다. 결과적으로는 졸업 이후의 행로에 도움이 되었다. 뭇 사람을 기쁘게 하는 노래는 물론 때로는 성가곡을 찬양하는 합창단원이 되었다.

소래교회 장로님 딸

장신대 졸업을 앞두고 나는 결혼에 관심이 커졌다. 전임전도사로 가려면 아내가 있어야 했다. 그러나 그때는 학교 기숙사에서 나오면 갈 집도 없었다. 나와 아내는 오랜 시간 연애는 못했으나 한 교회에서 서로 알고 지낸 사이라 결혼이 급진전될 수 있었다. 나는 장모님 될 분에게 서둘러 결혼 승낙을 받으려고 했다.

1981년 8월, 종로에 있는 갈릴리 다방에서 장모님을 처음 만났다. 아내의 직장 근처에 있는 다방이었다. 장모님은 인상이 좋았다.

"어머님, 저는 셋째 딸을 사랑하는 신태의 전도사입니다. 결혼을 허락해 주십시오, 현재 가진 것은 별로 없지만 평생 행복하게 해주겠습니다."

돌이켜 생각해 보면 어떻게 그리 말씀드릴 수 있었을까. 당돌하다는 생각마저 든다. 그때 나는 아내를 행복하게 해줄 만한 것을 하나도 준비하지 못했다. 신혼집도 결혼예물도 없고 전임전도사 자리도 확정되지 않은 상태였다. 가진 것은 단벌옷에 믿음 소망 사랑뿐이었다. 하나님 아버지의 빽과 성령님의 권능과 미래를 꿈꾸는 신앙심만이 나의 전 재산이었다.

장모님을 처음 만난 후 기숙사에 돌아온 나는 2층 침상에 누워 자신의 실상을 보기 시작했다. 명옥 씨 어머니는 나를 어떻게 보셨을까. 혹 결혼을 허락해 주신다고 한들, 나는 어떻게 결혼식을 치르고 신혼살림은 어디에 차리나. 가장 역할을 감당할 수 있을까. 그때는 디스크가 재발하여 통증이 심했다. 현실적인 생각을 하면 할수록 모든 것이 불가능하고 부정적인 생각만 들었다. 그러나 전능하신 하나님, 지금까지 선한 길로 인도해주신 하나님을 바라보며 신뢰하는 생각을 가지자 다시 용기가 생겼다. "내게 능력 주시는 자 안에서 내가 모든 것을 할 수 있느니라"(빌4:13)라는 빌립보서 말씀이 나를 단단하게 지켜 주었다. 며칠 후 장모님의 답을 들었다.

"믿음 가진 장로감과 결혼하지 왜 가난한 신학생과 결혼하려 하느냐? 몸이 너무 약해 보이고, 앞니 새가 많이 떠 보이니 치과를 가야 할 것 같다. 그래도 사람은 성실해 보이니 네 마음대로 결정해라."

장모님은 황해도에 있는 한국 최초 교회 소래교회 장로 딸이다. 6, 25 전쟁 때 아버지가 잠깐 피난 가라고 하여 백령도로 피난 왔다가 오늘날까지 고향으로 돌아가지 못한 실향민이다. 교회 목사님도 남한으로 피난 왔는데, 교회를 지키겠다고 자식들만 피난 보내고 혼자 남았다. 부유한 집안 막내딸이라 피난살이가 더 힘드셨을 것이다. 구구절절한 피난 시절 이야기를 자주 하셨다. 장모님은 미모뿐만 아니라, 현명하고 지혜로웠다. 6.25만 아니었으면 장관을 하실 분이신데, 이 시대의 희생양이라는 생각을 종종 한다.

장모님은 올해 94세다. 그런데도 손수 식사를 지어 드시며, 채소를 키우고, 나눠 먹는 것을 좋아하신다. 한없이 부족하고 연약한 나를 사위 삼아 주시고, 오늘날까지 사랑해 주며 도와주셨다. 광남교회 개척 초기, 주말이면 시내에서 생필품을 사오시고 아이들을 돌봐주셨다. 교회 식사도 섬기셨다. 외손녀가 동산고등학교에 다닐 때는 학교 가까이에 전셋집을 얻어 딸아이를 보살펴 주셨다.

"장모님, 남한 피난살이는 비록 고달프셨지만 결코 헛된 삶은 아니었습니다. 어머님의 희생이 있었기에, 세 따님이 잘 성장하여 경찰·장로·목사 사위가 되었습니다. 그리고 저희 자녀들이 5대째 믿음을 가진 후손이 되게 해주셨습니다."

개척 선물로 주신 아들

광남교회와 아들 나이가 같다. 교회를 개척한 1985년 12월 29일, 그해를 넘기지 말라는 계시처럼 아들 성훈이가 태어났다. 딸은 고척교회 부목사 시절 비교적 안정된 환경에서 태어났다. 하지만 아들은 교회 개척 첫해라서 가정환경이 안정되지 못했다. 나 역시 개척에 온 관심을 쏟다 보니 아들이 출생하는 날 함께 하지 못했다. 마침 그날은 주일이라 예배를 인도해야 했다. 주일 예배와 행사를 다 마치고 병원에 가보니 아내 혼자 아기와 함께 있었다. 딸을 출산할 때도 곁을 지키지 못했는데, 아들이 출생할 때도 함께 있어 주지 못해 몹시 미안했다. 그날 아내는 나를 보자마자 눈물을 흘렸다.

갓난쟁이 아들은 환경이 불편해서였는지 유독 많이 울었다. 한번 울기 시작하면 쉽게 그치지 않았다. 아내는 어린 딸을 보랴 갓난아기를 보랴 여러모로 지쳐갔다. 나는 나대로 개척에 온 마음을 쏟다 보니 자상한 남편 노릇까지 할 수가 없었다. 그래도 감사한 일은 유간난 집사님과 김갑순 집사님이 아이를 많이 업어주셨다는 것이다. 후일 우리 집 사위가 된 유간난 집사님 손자에게 나는 이렇게 말했다.

"내 사위가 된 것은 자네 할머님이 내 딸과 아들을 많이 업어주신 은혜인 줄 알고 할머니께 감사드려야 해."

아들은 교회가 성장해 가는 것처럼 잘 자랐다. 초, 중, 고 학교생활도 무난히 마쳤다. 사춘기 때도 큰 사고 없이 넘어갔다. 그런데 내가 바라는 기대만큼 공부는 잘하지 못했다. 답답해하던 나는 아들에게 하지 말아야 할 잔소리를 했다.

"아빠는 공부하고 싶어도 형편이 안 좋아 마음껏 하지 못했다. 넌 다른 걱정은 없이 공부에 전념하라는데 왜 열심히 하지 않느냐?"

뒤늦게 찾아온 사춘기라서 그런지, 아들은 점점 나를 피했다. 대화가 적어졌다. 내 말에 대꾸조차 하지 않고 외출할 땐 무시당하는 것 같아 화가 났다.

나는 내심 아들에 대한 기대가 컸다. 내가 못한 공부를 아들이 좀 열심히 해서 더 나은 사람, 진정한 목회자가 되기를 간절히 원했다. 아들이 고등학교 2학년 되던 해, 황현교회 목사님 아들이 중국으로 유학 간다는 소식을 들었다. 중국 하얼빈에서 사역하는 선교사님이 세운 대안학교였다. 중국과 교역의 문이 열리던 시절, 중국어를 배워서 선교사가 되었으면 하는 바람에 아들에게 중국 유학을 제안했다. 아들은 주저 없이 가겠다고 했다.

아들을 중국 하얼빈으로 보낸 후 녀석이 무척 보고 싶었다. 아내는 다른 학부모들과 함께 아들에게 다녀왔다. 그곳은 너무 추운 곳이었다. 겨울엔 영하 30도가 일상이고, 학교 환경은 너무나 열악했다. 엄동설한에 찬물로 머리를 감았다. 그리고 한국 학생들만 기숙하며 공부하다 보니, 중국어를 배울 기회가 별로 없는 환경이었다. 다른 학부모들과 함께 대안을 찾던 중 중국 현지인이 운영하는 국제고등학교에 입학하게 됐다. 기숙사에서 중국 학생들과 함께 지내는 것을 처음엔 힘들어 하더니 얼마의 시간이 흐르자 아주 좋아했다. 꿈에서도 중국어로 말할 정도로 언어가 열렸다.

하얼빈에서 국제고등학교를 졸업한 아들은 청도대학에 입학했다. 나는 북방선교회에서 중국교회 집회를 인도하러 청도에 갔다. 청도대학에서 아들과 이곳저곳을 다니며 구경했다. 동행한 아들은 이전의 어린 아들이 아니었다. 나보다 키도 크고 몸집도 좋았다. 중국어로 말하며 나를 안내했다. 어리고 연약하게만 여긴 아들이 나보다 더 잘하는 점이 있었다. "이제 제가 아버지를 보호해야지요." 흐뭇했다. 그때 나는 아들에게 사과했다.

"아들, 지난날 아빠의 한을 풀려는 마음에서 열심히 공부하지 않는다고 책망해서 미안해. 이제 공부 잘 못해도 괜찮아. 건강하고 성실하게만 살아줘."

그 후 아들과 유대감이 깊어졌다. 우리 부자는 페이스톡으로 대화를 많이 한다. 아들이 중국과 캐나다에서 유학하다 보니, 함께 생활하지 못한 시간이 많았다. 그리운 순간들 또한 많았다. 무엇보다 서로 떨어져 살다 보니, 참견하거나 잔소리를 하지 않게 되어 좋았다. 우리가 만일 함께 살았다면 잔소리를 많이 해서 부자 관계가 더 나쁠 수도 있었을 것이다.

순진하고 수줍어만 하던 아들은 20여 년 긴 외국 생활을 잘 견뎠다. 지금은 밴쿠버에서 가정을 꾸리고 산다. 외국에서 누구의 간섭도 받지 않고 자유롭게 살면서도 신앙심을 잃지 않았다. 나는 아들의 유학 생활을 넉넉히 지원하지 못했다. 아들은 음식점과 슈퍼에서 아르바이트하며 대학을 졸업했다. 이제는 한 가정의 가장으로 가족을 책임지며 성실하게 살아가는 생활인이다.

최전방 산꼭대기에도 해군이 있다

중국 청도대학에 다니던 아들이 해군에 입대했다. 나와 아내, 아들 우리 세 식구는 진해에 있는 해군훈련소에 함께 갔다. 연병장에서 입소식을 마치자 우린 갑자기 헤어져야 했다. 오랜 시간 헤어져 있던 가족은 만나자마자 다시 떨어졌다. 그 후 나는 자주 훈련소 누리집에 들어갔다. 아들의 훈련 사진이나 소식을 볼 수 있을까 해서였다. 그 전에는 군인들이 눈에 띄어도 무덤덤했었다. 아들이 입대한 후에는 길거리에서 특히 군용 트럭을 타고 가는 훈련생들을 보면 마음이 짠했다.

진해에서 신병훈련을 마친 아들에게서 전화가 왔다. 금일 고속열차를 타고 서울역으로 올라온다는 것이었다. 나는 여러 궁리를 했다. 내가 대전역으로 가서 아들과 함께 얘기하며 올라올까? 그러나 시간상 쉽지 않았다. 나는 서울역에서 아들이 도착하기를 기다렸다. 대합실에는 군인 두 명이 누군가를 기다리고 있었다. 아들을 인솔하러 온 군인들 같았다. 나는 중사에게 다가가 인사했다. 그리고 아들이 도착하면 잠깐이라도 만날 수 있게 해달라고 부탁했다. 도착 시간이 되자 아들은 동료 4명과 함께 커다란 배낭을 메고 나타났다. 인솔자가 면회 시간을 잠깐 내주었다. 빡빡머리가 된 아들은 바싹 말라 있었다. 그런데 벌써 군기가 들어 목소리가 달랐다.

아들은 성남에 있는 정보통신부대에서 감청암호해독 훈련을 여러 달 받았다. 그리고 최전방인 주파령으로 배치되었다. 난 이해할 수 없었다. 해군 아들이 왜 육군부대가 있는 최전방 산꼭대기에서 근무해야 하는가. 해군본부로 전화를 걸었다.

"아버님, 해군이라 해서 다 군함 타고 바다를 지키는 것은 아닙니다. 그리고 아드님은 국방부 소속 정보부대원으로서 최고 특과병입니다."

그분의 말대로 아들은 실내에서 적들의 통신 내용을 감청하는 일만 했다. 아들을 차출한 까닭은 중국어에 능했기 때문이었다.

우리 가족은 아들 면회를 한 번도 가지 못했다. 정보부대라서 면회가 허락되지 않았다. 대신 아들의 휴가 일수는 너무 많았다. 휴가를 자주 나왔다. 처음엔 반가웠다. 하지만 너무 자주 오다 보니 "또 왔냐?" 하게 되었다. 군대 월급이 거의 없던 시절이었으니 용돈이 많이 들어갔다. 아들은 육군보다 조금 더 긴 복무기간을 마치고 제대했다.

아들은 군 제대 후 중국보다는 영어권으로 학교를 옮기고 싶다고 했다. 때마침 캐나다 프린스조지로 파송된 이용길 선교사가 그곳으로 오라고 권했다. 대학생 선교를 하던 캐나다인 알랜 목사님이 유학을 도와주었다. 아들은 제대하자마자 캐나다로 떠났다. 유학생들은 언어 연수 과정을 거쳐야 본과에 등록할 수 있었다. 그런데 아들은 중급반으로 들어갔다. 감청부대 안에서 자유 시간에 틈틈이 영어 공부를 한 덕이다. 유학생 언어연수 수업료는 꽤 비쌌다. 아들은 군부대에서 미리 준비하여 시간과 학비를 크게 아낄 수 있었다. 하나님은 숙식과 언어실습에 큰 도움을 줄 은인과 귀한 만남을 계획해 놓으셨다. 아들 배움의 여정은 마치 지난날 내가 받아 누린 은혜와 너무나 비슷하다.

팻 아줌마

아들은 제대하자마자 급히 캐나다 프린스조지로 유학을 떠났다. 이용길 선교사님의 추선과 캠퍼스에서 전도하는 캐나다인 알랜 목사님의 도움으로 뉴칼레도니아 칼리지에 등록하여 언어연수 코스를 밟았다. 숙식할 곳을 정해야 했다. 처음엔 알랜 목사님 집에서 홈스테이를 할 예정이었다. 그런데 서로 소통이 잘못되어 목사님 집으로 들어가지 못하게 되었다. 목사님은 친분이 있는 팻 아주머니 댁에서 홈스테이하도록 연결해 주었다.

팻은 영국에서 이민 온 사람이었다. 이민자의 외국 생활 고충을 이미 경험한 터라 아들을 세심하게 보살폈다. 아들에게 혼자 사용할 방을 내주고 아침저녁은 물론 점심 도시락까지 싸주었다. 더 고마운 일은 아들과 대화를 많이 해서 자연스레 스피치 레슨을 받을 수 있었다는 것이다. 보통은 수강료를 내고 스피치 훈련을 받는다. 팻은 영어 실력이 모자란 아들의 리포트 작성에도 도움을 주었다. 한국식 영어를 원어민 영어 문장으로 지도해 주었다. 그런데도 홈스테이 비용으로 매월 500불만 받았다. 팻은 홈스테이를 영리 목적으로 하지 않았다. 늘 함께 지내는 선생님이자 어머니와 같은 사람이었다.

아들은 칼리지를 졸업하고, UNBC대학에서 학사학위를 받았다. 나와 아내는 졸업식에 참석하려고 밴쿠버를 거쳐 프린스조지로 갔다. 팻은 자신의 집 게스트 룸을 우리에게 제공해 주었다. 14시간의 긴 비행으로 지친 우리는 팻 여사가 마련해 준 쾌적한 방에서 곤한 잠을 잤다. 다음 날은 이 선교사님이 섬기는 원주민 교회에서 격려 잔치도 하고, 예배 때 설교도 했다. 아들이 통역했다. 잘하는지 엉터리인지 나는 몰라도, 좌중은 함께 웃기도 하며 선포하는 메시지에 거듭 아멘으로 화답했다.

졸업식 전날 밤, 이 선교사님 가족과 함께 팻이 손수 준비한 저녁 식사를 대접받았다. 통역사 아들 덕분에 오랜 시간 대화했다. 나의 짧은 단어만으로도 소통되는 것이 신기했다. 대화는 언어로만 하는 것이 아님을 알았다. 팻은 처음에 정한 홈스테이 비용을 졸업할 때까지 한 푼도 올리지 않았다. 나는 감사의 마음을 전했다. 그런데 팻은 오히려 성훈이가 함께 살아줘서 고맙다고 말했다.

팻은 영국에서 이민와 간호대학을 졸업하고 결혼한 후, 이혼한 상태였다. 전 남편은 당시 그 지역 국회의원이었다. 남편 외도로 이혼한 팻은 발달장애가 있는 장남과 단둘이 살았다. 아들은 30세가 넘었지만 7세 정도 지능이었다. 팻은 아들 성훈이가 말벗이 되어 주어 아들처럼 의지하며 한 가족으로 살았다고 말했다. 팻은 천국 소망 신앙을 품은 독실한 크리스천이었다. 밤늦도록 대화가 끊이지 않았다. 나는 말씀으로 위로하고 기도해 주었다.

졸업식장에 팻과 함께 갔다. 팻은 아들의 졸업 가운과 학사모를 다리미로 다려서 들고 왔다. 우리는 손님이고 팻이 엄마 같았다. 사실 팻도 성훈이를 아들처럼 여겼다고 말했다. 대학 졸업식은 성대하고 진지했다. 학사모를 쓰고 졸업하는 아들이 대견했다. 나는 아들이 무사히 대학을 졸업하도록 도와주신 이용길 선교사님 가족과 알랜 목사님 부부, 그리고 팻 가족을 음식점으로 초청하여 대접했다.

모든 일정을 마친 우리는 아들이 운전하는 자동차로 밴쿠버를 향해 출발했다. 10시간을 달리면서 지난날 하나님이 베풀어 주신 은혜를 나누었다. 나는 아들에게 믿음의 어머니 안윤진 권사님의 사랑을 간증했다. 내가 누린 사랑을 아들도 동일하게 받아 누리게 하시는 하나님의 사랑이 너무나 놀라웠다. 우리 부부는 아들과 함께 창문을 열고 맘껏 소리 높여 하나님을 찬송했다.

제자훈련으로 맺어진 인연

우리는 프린스조지에서 10여 시간을 달려 밴쿠버에 사는 이연선 권사님 댁으로 갔다. 이 권사님은 20여 년 전에 우리 교회 집사님이었다. 고척교회에 출석하다가 내가 광남교회를 개척하자 오셔서 신앙생활 하며 헌신 봉사했다. 한국에서 일식집도 운영하고 콩나물 공장도 하다가 자녀들 미래를 위하여 투자 이민을 가신 분이다. 권사님은 먼저 이민 온 친정 식구들과 가까이 살았다.

유니팩에서 호텔사업을 시작했는데 사업을 시작하고 1년이 채 되지 않았을 때 화재로 모든 것을 잃었다. 이역만리 타향 땅에서 먹고 살기조차 힘들어지자 식당 주방일을 했다. 다행히 지난날 일식집을 운영했고 요리사 자격증이 있어서 특별 대우를 받았다. 하지만 혼자 힘으로 온 식구를 먹여 살리기는 힘들었다. 사망의 음침한 골짜기를 통과하던 중에 한 날은 중국인들이 재배하는 콩나물 품질이 좋지 않다는 사실을 알게 되었다.

권사님은 한국 전통 방식으로 시루에서 콩나물을 길러 시장에서 팔았다. 의외로 반응이 좋아 여기저기서 콩나물을 납품해 달라는 요청이 왔다. 차츰 주문 물량이 늘어나 전통 방식으로 재배해서는 밀려오는 주문을 감당하지 못할 정도가 되었다. 권사님의 남편은 기계 제작에 남다른 재주가 있었다. 한국에서 주요 부품을 수입하여 자동화 콩나물 공장을 세웠다. 중국인들과 재배 방법을 차별화했을 뿐만 아니라 녹차로 재배하는 방법을 연구해 냈다. 콩나물은 날개 돋친 듯이 팔려나갔다. 콩나물은 현재 '녹차 콩나물'이란 상표를 달고 밴쿠버는 물론 다른 주까지 판로를 확장했다. 이 권사님은 이렇게 간증했다.

"지난날, 한국에서 콩나물 공장 일이 하기 싫어 이곳까지 이민 왔는데 다시 콩나물 공장으로 살게 될 줄은 전혀 몰랐습니다. 하나님의 섭리는 오묘합니다."

이 권사님은 검소하게 산다. 집안엔 소파도 식탁 의자도 많이 낡았다. 게다가 세트가 아닌 각기 다른 의자들이다. 10년 전 가구 그대로다. 그런데 자신이 섬기는 한인교회에서는 교회 살림을 도맡아 한다. 선한 사업을 향한 꿈도 크다. 가끔 한국에 오면 우리 교회에서 예배드린다. 10년 전 성전 건축을 할 때는 적지 않은 건축 헌금을 드렸다.

아들 성훈이가 아르바이트를 할 때 차가 필요하다며 중고차 소개를 부탁한 적이 있다. 권사님은 밴쿠버로 파견 나와 근무하다 귀국하는 한국인의 승용차를 소개받아 저렴하게 구입하도록 해주었다. 일부만 내고 나머지는 할부로 구입하려고 했는데, 권사님이 차값의 반을 부담했다. 7년 전 프린스조지 원주민 선교지 방문과 시애틀에 계신 김제건 목사님을 뵙기 위해 다시 밴쿠버에 들렀다. 권사님은 시애틀로 향하는 나에게 봉투 두 개를 주었다. 하나는 나에게 주고, 다른 봉투는 김제건 목사님 몫이었다. 봉투를 목사님께 드리자 자신은 잘 기억도 못 하는 분인데 이처럼 생각해주시니 감격스럽다고 말씀하셨다.

다시 밴쿠버로 돌아온 나는 이 권사님 댁으로 갔다. 권사님은 본교회 목사님과 함께 빅토리아의 부차트 가든 관광을 안내했다. 목사님이 이렇게 말씀하셨다.

"저는 신 목사님이 참 부럽습니다. 권사님이 이젠 광남교회와 신 목사님을 잊을 때도 되었는데 여전히 사랑하시니 말입니다."

내가 물었다. "권사님, 20여 년이 흘렀는데 왜 아직도 이렇게 사랑해 주십니까?"

"저를 첫 믿음의 길로 이끌어 주신 분은 고척교회 김제건 목사님이십니다. 그러나 복음의 진리를 바로 알고 제자로 살 수 있게 훈련해 주신 분은 신 목사님이지요. 그리고 지난날 광남교회에서 교우들과 교제하며 섬겼던 아름다운 추억들이 생생하여 잊을 수가 없습니다."

2022년 여름, 나와 아내는 손녀 돌잔치에 참석할 겸 캐나다 원주민 선교지 방문차 갔다가 권사님을 만났다. 권사님 부부와 함께 캠핑카로 신나는 여행을 했다. 특히 권사님의 아들 인호가 보트를 자동차로 끌고 와서 물고기와 왕게를 잡아 즉석에서 구워 먹었다. 예수그리스도 안에서 만난 인연은 이처럼 끈끈함을 절감한다. 육친이나 친족보다도 더 깊고 영원하다. 비록 몸은 멀리 떨어져 있어도 마음은 서로 교통하며 기도로써 더욱 가깝게 살 수 있다. 그래서 나는 새벽마다 중보기도를 한다.

"주여! 주안에서 만난 모든 분을 축복하소서."

국경을 오간 상견례와 온라인 결혼식

타국 밴쿠버에서 오랫동안 혼자 있는 아들이 늘 마음에 걸렸다. 영주권을 취득한 후에야 결혼하겠다던 아들에게서 기쁜 소식이 날아왔다. 교회찬양대에서 드럼 봉사를 하던 중 찬양 리더와 교제가 시작되었다고 했다. 그녀는 캐나다 시민권자지만 광명시에서 고등학교를 졸업한 후 이민 간 한국인이었다. 외국 여인이 아니라서 좋았다. 그것도 광명 출신이라니 더욱 호감이 생겼다. 형제는 딸만 셋인데 쌍둥이 언니가 있는 셋째 딸이었다. 나의 처가와 같은 점이 많았다. 아내도 딸 셋 중에 막내였다. 셋째 딸은 선볼 필요도 없다고 하던가.

나는 아들에게 결혼을 전제로 교제하라고 권했다. 아들의 교제는 급진전 되어갔다. 마치 지난날 내가 아내와 급속도로 교제하고 결혼했던 것처럼. 성질이 급한 나는 오래 기다리지 못했다. 연인의 부모님께 상견례를 요청해보라고 했다. 2019년 11월에 우리는 밴쿠버행 비행기에 올랐다. 아들과 며느리가 될 아가씨가 공항에서 우리를 맞아 주었다. 페이스톡으로 보았지만 실물을 보기는 처음이었다. 낯설지 않고 오래전부터 본 사람처럼 편하게 대했다.

다음날 우리는 아들과 함께 약속한 장소로 갔다. 아가씨 부모님과 미혼인 큰 언니와 몇 달 전 결혼한 쌍둥이 언니가 우리를 반갑게 맞이했다. 전혀 어색하지 않게 식사를 마치고 헤어졌다. 다음 날 예비 사돈댁의 저녁 식사 초대를 받았다. 첫 방문이어서 좀 긴장되었다. 현관에 들어서자 오르간 연주 소리가 들려왔다. 오르가니스트인 큰 언니의 환영 연주였다. 소파에 앉아 기도를 마치자 안 사돈이 밝은 얼굴로 권했다.

"목사님, 찬양 좋아하시죠? 우리 함께 찬양해요."

나 역시 찬양을 정말 좋아하기에 주님을 찬양했다.

내 영혼이 은총 입어 중한 죄 짐 벗고 보니 슬픔 많은 이 세상도 천국으로 화하도다. 할렐루야 찬양하세 내 모든 죄 사함 받고 주 예수와 동행하니 그 어디나 하늘나라.

안 사돈이 한 곡 더 부르자고 제안했다.

그 크신 하나님의 사랑 말로다 형용 못 하네 저 높고 높은 별을 넘어 이 낮고 낮은 땅 위에 죄 범한 영혼 구하려 그 아들 보내사 화목제물 삼으시고 죄 용서하셨네 하나님의 크신 사랑 측량 다 못하네 영원히 변치 않는 사랑 성도여 찬양하세(305장)

상견례 자리가 아니라 마치 가정부흥회 같았다. 저녁 식사를 마친 후 안 사돈이 이렇게 말했다.

"목사님, 저는 목사님을 조금 알고 있었어요. 그리고 유튜브를 통하여 목사님 설교도 여러 번 들었습니다. 요즘도 종종 광남교회 영상 예배를 드립니다. 한국에 있을 때 광명경찰교회 간사 목사님과 구치소 사역을 해서 그 간사 목사님에게서 목사님에 관한 얘기를 많이 들었어요. 성훈이도 마음에 들지만 목사님을 보고 결혼을 승낙했어요."

참으로 세상은 넓고도 좁은 것을 실감했다. 나의 삶이 아들에게도 도움이 되었다니 아비로서 다행이다 싶었다. 상견례를 마친 우리는 다음 해 5월에 밴쿠버와 한국에서 결혼식을 두 번 하기로 약속하고 헤어졌다. 그런데 그해 겨울부터 코로나가 발생하여 해외출입국 문이 막혔다. 캐나다에 가지도, 한국에 들어오지도 못하는 상황이 되었다. 양가는 상황이 곧 안정되리라 기대하며 결혼식을 9월로 연기했다. 그러나 상황은 좋아지기는커녕 갈수록 심각해졌다. 더는 미룰 수 없어 온라인 결혼식을 하기로 했다.

2020년 9월 5일, 아들이 밴쿠버에서 온라인 결혼 예배를 드렸다. 우리 가족과 교우들은 교회 예배당에 모여 온라인으로 결혼식에 참가했다. 그런데 예식을 시작하자마자 영상이 끊기는 사고가 발생했다. 기다리고 기다려도 복원될 기미가 보이지 않았다. 나는 교우들에게 미안해서 축복기도를 한 후 끝내려고 일어났다. 그때 다시 온라인이 복구되어 후반부의 결혼 예배를 볼 수 있었다. 결혼 예배를 무척 길게 한 덕분이었다.

아들이 밴쿠버에서 결혼식을 하고 한국에 오면 우리 교회에서 결혼 감사 예배를 드리고 야외 잔디공원에서 잔치를 하려고 했다. 하지만 코로나로 결혼 감사예배도 잔치도 하지 못했다. 그런데도 친지들과 우리 교우들, 그리고 노회의 많은 목사님과 장로님들이 축하해 주시고 축의금을 보내주셨다. 결혼 축의금은 신기하게도 3차로 약정한 건축 헌금 액수와 일치했다. 우리는 지난날 딸 결혼 축의금을 드렸듯이 아들 결혼 축의금도 건축 헌금으로 하나님께 드렸다.

칠삭둥이 손녀

밴쿠버 그레이스교회에서 온라인 결혼식을 올린 아들은 신혼여행을 계획한 대로 가지 못했다. 처음 계획은 한국에 와서 결혼 감사예배를 드리고 제주도 여행을 가는 것이었다. 코로나로 모든 계획이 무산되고 말았다. 하지만 밴쿠버에서 가까운 아일랜드로 신혼여행을 갔다.

결혼 후 2개월 만에 허니문 베이비가 생겼다는 소식이 왔다. 외국에서 외롭게 살던 아들이 결혼하여 가정을 꾸린 것만도 감지덕지하던 차에 임신했다는 소식을 듣자 무척 기뻤다. 나와 아내는 아들과 임산부를 위하여 새벽 기도를 했다. 임신 7개월이 된 어느 날, 기도해 달라는 연락이 왔다. 조산의 기미가 보인다는 것이었다. 청천벽력 같은 소식이었다. 우리로서는 처음 겪는 일이었다. 이역만리 한국에 있는 우리는 아무것도 도울 길이 없었다. 다만 하나님께 기도할 뿐이었다. 얼마 후 산모의 상태가 안정되었다는 소식이 전해져 왔다. 우리는 잘 넘어가는가 보다 하여 조금 안심이 되었다.

입원한 지 3일째 되던 2021년 3월 24일, 칠삭둥이를 출산했다는 소식이 전해져 왔다. 기쁘면서도 다른 한편으로는 걱정이 컸다. 의사가 영아의 건강 상태는 양호하다고 했지만 아기의 몸무게는 고작 1.5kg이었다. 나는 교회에 중보기도를 요청했다. 온 교우들은 간절히 기도해 주셨다. 그리고 칠삭둥이로 출생했다는 소식을 알리자 권 사님들은 여러 가지 좋은 말로 위로해 주셨다.

"옛 어른들이 팔삭둥이는 어려워도 칠삭둥이는 잘 성장한다고 했습니다. 그리고 칠삭둥이들은 머리가 영리하다고 합니다."

교우들 위로가 내게 큰 위안이 되고 힘이 되었다. 그동안 나는 교우들을 위로하고 격려하는 목회자로서 사역의 삶을 살아왔다. 내가 어려움을 당하여 교우들한테 위로와 격려를 받고 보니 "우는 자들과 함께 울고 웃는 자들과 함께 울라"(롬12:15)는 주님의 말씀이 실감났다.

신생아는 손녀였다. 어렵게 출산하다 보니 남아 여아 생각은 멀리 사라졌다. 오직 건강하게만 잘 자라 주기를 바라며 주님께 기도했다. 손녀는 3개월간 병원 인큐베이터 안에 있었다. 간호사가 밤낮으로 교대하며 돌본다는 소식을 들었다. 그런데 다른 걱정이 생겼다. 병원비는 얼마나 많이 나올까. 저들은 돈이 없을 것이고 내가 도와주어야 할 텐데. 3개월 후 손녀는 건강한 아이로 퇴원했다. 내가 걱정했던 입원비는 0원이었다. 캐나다가 복지국가란 사실을 실감했다.

2022년 6월, 나는 아내와 함께 밴쿠버행 비행기에 올랐다. 우리 가족이 된 며느리 은총이와 손녀 '안나'의 돌잔치에 참석하기 위해서였다. 인큐베이터의 고난을 견딘 손녀와의 첫 만남에 가슴이 뛰었다.

목회자로
사노라면

착하고 충성된 종아 네가 적은 일에 충성하
였으매 내가 많은 것을 네게 맡기리니 네
주인의 즐거움에 참여할지어다.(마25:21)

빚쟁이 목사의 기도

나는 빚쟁이 목사다. 성전 건축을 위하여 낸 빚을 아직 갚지 못하여 매달 이자를 낸다. 그 빚을 생각하면 언제나 다 갚을까 걱정이 되고 마음이 짓눌릴 때도 있다. 금리가 높아 이자 부담이 크면 지난날 고훈 목사님을 통해 받은 기도 제목으로 기도했다.

"주여, 빚이 변하여 빛이 되게 하소서!"

그런데 어느 날 깨닫고 보니 나는 성전 건축 빚보다 더 많은 빚을 진 사람이었다. 다름 아닌 사랑의 빚이다. 오늘의 내가 있기까지 얼마나 많은 분께 사랑의 빚을 졌던가. 부모님은 물론 선생님들, 멘토, 친구 그리고 우리 교우들. 그중에서도 더 특별한 빚이 있다. 어린 시절 산으로 나무하러 다닐 때 중등구락부를 세워 중학교 과정을 공부하도록 기회를 마련해준 만리포교회 유경식 전도사님. 지금 어디 사시는지 알 길이 없어 인사 한번 드리지 못해 죄송한 마음 금할 길이 없다.

그리고 성서신학원에서 신학의 길을 시작할 때, 일하면서 공부하는 길을 열어 주신 믿음의 아버지 이현 목사님. 이현 목사님은 나를 가족으로 받아 주시고, 아들이라고 불러 주셨다. 목사님은 목회자의 올바른 영성을 가르쳐 주셨고, 서울장신대학교에 들어갈 수 있는 길을 열어 주셨다.

천리포 수목원 설립자 칼 밀러(한국명: 민병갈) 씨에게도 큰 빚이 있다. 나는 충남성서학원 농장에서 근로 장학생으로 일하다가 디스크 병을 얻었다. 잘 걷지도 못하고 목사님 사택에 누워 사모님 간호를 받았다. 때마침 징병검사가 나와 검사장에서 군의관이 병명을 알려주었다. 군의관이 성바오로병원 교수에게 보내는 추천서를 써주었는데 병원비가 없어 통증을 견디며 누워있을 때, 이 소식을 들은 칼밀러 씨가 승용차로 병원에 데려가 입원시키고 병원비까지 내주셨다. 이 얼마나 큰 사랑의 빚인가.

민음의 어머니 안윤진 권사님께도 사랑의 빚이 많다. 안 권사님은 내가 청년 때 개척한 천리포교회당을 건축할 수 있게 헌금해 주셨다. 서울에서 신학 공부를 할 때는 숙식을 제공해 주셨다. 아드님의 회사에서 아르바이트하게 해주시고 등록금을 보태주셨다. 가난한 신학생인 내가 결혼할 때 권사님은 친부모도 못 해준 신부 결혼반지를 해주셨다.

내게 크나큰 사랑의 빚을 내어주신 분이 정말 많다. 장신대대학원에 다닐 때 등록금을 지원해 주신 송정교회 계웅 장로님, 교육전도사 시절 숙식을 제공해 주시며 손수 밥까지 챙겨주신 송정교회 최유환 목사님, 3년 동안 부목사로 섬긴 고척교회 김제건 담임목사님, 특히 김 목사님은 내가 고척교회를 사임한 이후 지금까지 나의 목회를 위해 기도하고 조언해 주시는 진정한 멘토다.

나는 지금까지 다섯 교회를 섬겼다. 교회마다 많은 사랑을 받았다. 청년 때는 천리포교회의 사랑을 받았다. 첫 교육전도사 사역지는 구로동에 있는 새서울교회였다. 교우들의 많은 사랑을 받았다. 옷이 귀한 시절, 최 모 권사님은 양복점에서 정장을 맞춰주셨다. 특히 구로공단에서 일하면서 교회학교 교사로 헌신 봉사하던 청년들의 사랑도 내 삶에 귀한 선물이었다.

광남교회는 나의 첫 담임목회사역지면서 동시에 마지막 사역지가 될 것 같다. 38년 동안 교회를 열심히 섬겼지만 많이 부족하고 실수도 잦았다. 그런데도 감싸주시고 참아주시고 섬겨주신 교우들의 사랑의 빚은 글로써 모두 표현할 수 없다.

내가 받은 사랑을 일일이 다 지면에 열거하지는 못하지만, 나는 분명 '사랑의 빚쟁이'다. 그런데 그동안 사람들에게 진 빚보다 더 큰 빚이 있다. 그것은 바로 하나님과 우리 주 예수그리스도께 받은 사랑과 은혜의 빚이다. 그 사랑의 빚을 준 모든 분이 하나같이 그리스도인이다. 하나님의 사랑을 받은 자들이 예수님의 이름으로 나에게 사랑의 빚을 주었다.

나는 빚쟁이 목사다. 행복한 빚쟁이 목사다. 그 많은 사랑의 빚을 언제 다 청산할 수 있을까. 솔직히 이 빚은 다 갚을 수도 없고, 다 청산하는 것도 원치 않는다. 영원히 사랑의 빚쟁이로 살고 싶기 때문이다.

'주여! 평생 사랑의 빚쟁이로 살게 하소서. 그 사랑의 빚을 갚으며 사랑의 빚을 내어주는 사람이 되게 하소서. 아멘!'

금십자가로 주실 수 있나요?

선교 100주년 기념으로 개척한 광남교회에는 다른 곳에선 볼 수 없는 금십자가 영성이 흐른다. 금빛 영성은 초대 장로로 임직받고 교회를 섬기다 은퇴한 김상만 장로님이 금십자가를 전달할 때부터 시작했다. 김 장로님은 고척교회에서 첫 신앙생활을 시작했다. 고척교회 부목사 시절 장로님이 공주부동산 앞 의자에 앉아 있는 모습을 많이 보았다. 원래 거구였지만 신장이 안 좋아 몸이 많이 부어 있는 환자였다. 어느 날 그분이 고척교회에 나왔다. 내 교구였기에 첫 심방을 갔다. 장로님 모친이 우릴 맞아주셨는데 며느리는 점 보러 갔다고 했다. 하지만 얼마 후 온 가족이 고척교회에 등록했다.

김상만 장로님은 김제건 목사님께서 광명에 사는 분들은 시찰회에서 개척하는 광남교회로 가서 도움을 주면 좋겠다고 하자 개척 멤버로 함께 파송되어 나왔다. 김 장로님은 어려운 가정형편에도 불구하고 개척에 온 힘을 기울였다. 특히 목사가 말하지 못하는 부분까지 자세히 살펴 섬겼다. 언젠가 교회 건축업무를 처리하러 가다가 내 앞에서 교통사고를 당하여 실신하는 일까지 있었다. 장로님께서 정년이 되어 은퇴하게 되었다. 교회는 은퇴 선물을 무엇으로 해드릴까 의논한 결과 금반지로 결정했다. 그런데 장로님이 다른 것을 요구하셨다.

"목사님, 금반지 대신 금십자가로 만들어 주시면 안 돼요?"

순간 나는 의아했다. 평생을 헌신적으로 봉사하던 분이 마지막에 욕심을 내시는가 보다 생각했다. 금반지보다 금십자가는 금 몇 돈을 더 들여야 한다. 그간의 공로를 생각해 안 된다고 하지 못하고 다시 의논해 금십자가를 해드리기로 했다. 은퇴식 날 장로님께 은퇴 소감을 말할 기회를 드렸다.

"저같이 부족하고 죄인 된 자를 구원해 주시고 장로로 쓰임받게 하신 하나님께 감사드립니다. 그동안 저는 가난한 장로로서 교회에 큰 힘이 되지 못해서 늘 죄송했습니다. 그러나 한 가지 평안한 당회와 교회가 되도록 늘 기도했습니다. 저 자신이 죽어야 교회가 평안해진다는 생각으로 장로직을 수행해 왔습니다. 그래서 교회에서 선물로 주신 이 금십자가에 '아생교회사 아사교회생(我生敎會死 我死 敎會生)'이란 글귀를 새겼습니다. '내가 살면 교회는 죽고 내가 죽으면 교회가 산다'는 뜻입니다. 후임 장로님들에게 이 금십자가를 맡깁니다. 든든히 서는 교회가 되도록 힘써 주십시오."

그러고는 금목걸이를 변현웅 장로님 목에 걸어 드렸다. 순간 나는 부끄럽고 죄송했다. 저토록 깊은 생각을 헤아리지 못하고 마지막에 욕심부린다고 오해하다니. 금십자가를 전달받은 후임 변헌웅 장로님은 3년 전 은퇴식을 했다. 변헌웅 장로님도 은퇴 소감 시간에 "이 금십자가를 간수하기 무척 힘들었습니다. 도적 맞으면 어찌하나 걱정도 많았지만 금십자가 속의 글귀대로 살려니 그것이 더 힘들었습니다. 부족하나마 그 의미를 되새기며 살려고 힘썼습니다. 이제 저도 후임 장로님께 이 금십자가를 전달합니다. 이 정신으로 교회를 잘 섬겨주시길 부탁합니다"라고 하셨다.

금십자가는 변광현 장로님의 목으로 옮겨갔다. 변헌웅 장로님은 은퇴 기념으로 필리핀 산지교회를 위한 건축 헌금을 드리며 은퇴했다. 그 금십자가를 전달받은 변광현 장로님 역시 교회의 평안과 부흥을 위하여 십자가 정신으로 운전 봉사를 하셨다. 아울러 매일 새벽마다 교회 전등을 켜시고 성막의 기도 등불이 꺼지지 않도록 헌신하셨다. 변광현 장로님 역시 은퇴하시면서 오경호 장로님께 그 금십자가를 전달했고, 오 장로님 역시 금십자가 속에 기록된 말씀의 영성으로 교회를 섬겼다. 지금은 박계화 장로님께서 새롭게 나무십자가를 만들어 간직한다.

38년 목회를 되돌아볼 때 우리 교회와 당회는 유유자적한 교회처럼 흘러왔다는 생각이 든다. 물론 비바람이 몰아친 나날도 많았다. 그러나 '아생교회사 아사교회생'의 금빛 영성이 계속 흐르는 이상 불신과 이반은 일어나지 않으리라 확신한다. 이런 신앙심을 가진 교우들과 함께 하는 나는 행복한 목회자다.

"주여! 아사교회생의 목회자로 살아가게 하소서."

"주여! 광남교회에 아사교회생의 영성이 쉼 없이 흐르게 하소서."

금십자가 영성으로

우리 교회는 궂은일에 봉사하는 장로님이 많다. 운전 봉사 장로님이 계신가 하면, 매주 토요일이면 성전을 청소하는 장로님도 있다. 특히 오경호 장로님은 임직자 훈련을 받으면서 시작한 교회당 청소로 은혜를 받고 청소반장으로 자원하여 오늘날까지 성전을 청소하고 있다.

10여 년 전, 청소반장 장로님의 부복 사건이 있었다. 그날 나는 심방 갔다 들어오던 길에 교회 주차장 입구 도로에 무단으로 세워 둔 차량이 거슬렸다. 주차장도 아닌 마을 입구에 매번 주차해서 차량 출입이 불편했다. 나는 부교역자에게 차량 주인을 찾아가라 말했다. 잠시 후 교회 사무실에서 큰 소란이 일었다. 차량 주인은 교회 주차장 입구 근처에서 컨테이너 대여 사업을 하는 사람이었다. 그 사람은 이사 온 지 얼마 되지 않아 서로 안면도 없는 상태였다. 술에 취한 상태에서 본인은 폭력 전과도 있다면서 난동을 피웠다.

"왜 교회 땅도 아닌데 목사가 주차를 참견해, 목사 이리 나와."

나는 사택에서 전화를 걸어 부목사에게 성전 본당에서 청소하시는 오 장로님께 해결해 보시라 부탁했다. 얼마 후 경찰이 출동했고 사건은 일단락된 듯했다. 그러나 그는 경찰이 떠난 후 다시 교회 본당으로 올라왔다. "교회 주인 나와, 목사 나와"라며 고래고래 소리쳤다. 술에 취한 사람의 격한 감정은 좀처럼 누그러들지 않았다. 교회당에서 큰 소리가 계속 흘러나왔다. 그런데 얼마 후 조용해지더니 그 사람이 아무 말 없이 교회당을 나와 맥없이 본인 사업장으로 돌아갔다.

성전 안에서 누가 어떻게 설득하여 진정된 것일까. 청소반장 장로님은 청소하다가 술에 취한 사람과 대화로 해결될 기미가 보이지 않자 물었다고 한다.

"사장님. 그럼 제가 어떻게 하면 화가 풀리겠습니까?"

"그래? 그럼 내 앞에 무릎 꿇어!"

장로님은 망설임 없이 무릎을 꿇으며 말했다.

"죄송합니다. 화를 푸십시오."

그러자 놀라운 반전이 일어났다. 그 사람은 오히려 얼굴이 창백해지더니 아무 말 없이 자리를 떠났다. 사실 나는 그 사람이 목사 나오라고 소리칠 때 사택에서 밖의 상황을 환히 보고 있었다. 그러나 나가지 못했다. 이런 상황을 발생하게 한 장본인은 바로 나였다. 내가 나가면 무슨 망신을 당할지 몰라 두려워 숨어 있었다. 그런데 장로님은 교회를 위하고 부족한 목사를 보호하기 위해 십자가에 새겨진 '아생교회사 아사교회생(내가 살면 교회가 죽고, 내가 죽으면 교회가 산다)'의 십자가 영성을 실행한 것이다. 청소반장 장로님은 공부도 할 만큼 한 분이고 몸담고 있던 회사에서 중역으로 퇴직한 후 자신의 사업장을 운영하는 사장님이었다.

십자가 영성의 신앙을 가지고 충성하는 분들이 있어서 한국 교회는 소망이 있는 것이 아닐까. 나는 광남교회 성도님들의 헌신과 충성된 삶의 설교를 보면서 오늘도 은혜와 가르침을 받는다.

닭 목회 이야기

우리 교회 뒤뜰에는 작은 축사가 2동 있다. 한 동에서는 토끼와 금계 은계가 사이좋게 지낸다. 처음에 함께 넣었을 땐 서로 경계하며 싸우더니 요즘은 사이가 좋아졌다. 작년에는 그 새장에 공작새도 있었다. 최평남 집사님께서 기증했다. 어린이들은 나뭇가지 위에 앉아 아름다운 깃털을 보여주는 금계와 공작새가 펼치는 공연을 보면서 무척 좋아했다. 특히 토끼장 안으로 들어가 토끼를 쓰다듬을 수 있어서 아이들이 좋아했다.

처음에는 자그마한 토끼장을 지어 토끼만 길렀다. 어렸을 때 토끼를 기른 추억도 있지만 교회 나오는 어린이들의 전인 구원, 전인교육을 위해서였다. 영혼만 구원받아 천국에 가는 사람이 아니라 영, 혼, 육의 구원과 함께 정서적으로도 건강하게 자랐으면 하는 마음이 컸다. 교회 앞의 땅을 얻어 주말농장을 만들어 교우들과 함께 농사도 지었다. 채소를 심어 나누고 호박과 가지를 심어 열매를 보게 하고 직접 수확하게 했다. 고구마를 캐는 학습도 했다.

토끼만 기르자 변 장로님이 닭도 길러보라고 권했다. 처음에 닭은 기르고 싶지 않았다. 닭똥 냄새가 싫었기 때문이다. 누가 그 청소를 한단 말인가. 그런데 변 장로님은 토끼보다 닭똥 냄새가 독하지 않으니 한번 시도해 보라고 했다. 토끼는 귀엽기는 하지만 실속이 없고 닭은 매일 알을 낳아 줄 뿐만 아니라 나중에는 고기도 먹게 해준다며 닭 사육을 적극 추천했다.

나는 장로님 권유에 따라 닭장을 넓게 짓고 청계와 백봉 오골계 토종닭을 기르기 시작했다. 몇 달이 지나자 정말 청계가 파란 알을 낳았다. 백봉도 작지만 영양 많다는 알을 매일 낳았다. 넓은 공간에서 자유로이 활동하며 채소와 사료를 먹고 낳은 유정란은 일반 달걀과는 맛이 달랐다. 몇 마리로 시작한 닭은 점점 수가 늘었다.

암탉이 알을 품기 시작하면 21일간 거의 활동하지 않고 37도 사랑의 체온으로 알을 굴리며 품는다. 가끔 나와서 물과 먹이를 먹지만 거의 식음을 전폐하고 알 품기에만 전념한다. 그렇게 21일간 알을 품으면 병아리가 스스로 껍데기를 깨고 밖으로 나온다. 신비하게도 달걀에서 병아리가 나온다. 암탉의 이런 모성이야말로 목회자와 전도자가 본받아야 할 본분임을 깨우쳐 준다.

그런데 모든 달걀에서 병아리가 나오는 것은 아니다. 유정란에서만 병아리가 나오고 무정란은 부화는 없고 썩은 물만 가득 찬다. 이래서 부활절이면 달걀을 통해 부활의 소식을 전하는 것임을 알았다. 나는 부화기를 사서 부활절이 다가오면 달걀에서 병아리가 부화하는 과정을 어린이들이 체험하도록 했다. 매달 통합예배를 드릴 때 그달의 말씀을 암송한 성도들에게는 유정란을 상으로 주었다. 달걀이 많을 때는 어려움 중에 있는 성도에게 선물했다.

서울 서남노회장

2007년 10월에 나는 제36대 서울 서남노회 부노회장으로 선출되었다. 2008년에는 노회장으로 노회를 섬겼다. 내가 일찍이 노회장이 된 이유는 노회 전입 순서가 빨랐기 때문이다. 1982년 2월 장신대를 졸업하고 고척교회로 부임한 이래 오늘까지 서울 서남노회에서만 사역했다. 이 노회에서 목사 안수를 받고 고척교회에서 부교역자로 3년을 사역한 후 광남교회를 개척하여 38년째 사역했다. 나는 한 노회, 한 시찰회에서 41년을 보냈다. 그래서 총회에 가면 아는 사람이 별로 많지 않다. 43세 때에 부서기로 노회를 섬기고 52세 이른 나이에 노회장이 되어 노회를 섬길 수 있었던 것은 전적으로 하나님의 은혜요, 노회원들의 사랑이었다.

내가 노회장이 되던 해 우리 교단 총회장은 김삼환 목사님이었다. 그해 국회의사당 앞에서 거행한 대통령 취임식에 초청받아 참석했다. 김삼환 총회장께서 전국 노회장들을 명성기도원으로 소집하여 기도회를 했다. 그해 총회가 내건 주제는 '300만 성도 전도운동'이었다. 그날 나는 은혜를 받고 전도운동에 헌신할 것을 굳게 다짐했다.

노회에 돌아온 나는 총회의 정책을 실천하려고 온 힘을 기울였다. 우선 전 노회장님을 단체로 또는 개인별로 찾아뵙고 총회 주제와 정책을 설명하며 자문과 협조를 부탁했다. 노회 전체 교회의 단합과 많은 재정이 필요한 전도운동이었다. 나는 각 시찰에서 자기 목회사역에 충실한 분을 한 분씩 찾아 임원진을 구성했다. 첫 임원회에서 우리는 오직 노회의 평안과 총회가 정한 300만 성도 전도운동에 전념할 것을 결단했다. 전국 노회장 모임과 같이 노회 부서장 모임을 새중앙교회 수양관에서 했다. 세족식도 했다. 전도에 솔선수범하는 부천부광교회 목사님을 강사로 초빙하여 큰 은혜와 도전을 받고 전도 방법을 교육받았다. 각 시찰별로 모여 연합전도를 매주 한 번씩 새벽 기도회를 마친 후 실시했다. 전도의 대상이 되는 영혼보다 자신의 영이 살아나는 체험을 하며 전도운동이 불타올랐다.

오직 300만 전도운동에 힘쓴 그 해, 우리 노회는 평안하여 든든히 서 가는 노회요, 교회가 되었다. 그해 노회 세례 교인 수가 늘어나 총대 배정을 한 명 더 받았다. 총회에서 모범 사례도 발표했다. 우리 노회 역사상 최초로 정기노회를 대부도에 있는 새중앙교회 수양관에서 1박 2일로 가졌다. 회의뿐 아니라 친교와 단합을 위해서였다.

나는 우리 교회와 여러 교회의 지원을 받아 체육대회 상품을 푸짐하게 준비했다. 특히 개척교회 목사님들을 대상으로 행운권을 뽑아 노트북을 선물로 기증했다. 신기하게도 꼭 필요하여 기도해 왔다는 방주교회 목사님이 받게 되어 모두가 기뻐했다. 그날 노회는 단 한 건의 다툼도 없이 일정보다 일찍 폐회하고 시찰별로 식사를 하였다. 당시 우리 노회는 양대 세력 간 작은 알력이 있었다. 화해와 평안이 절대적으로 필요한 시기였다. 전 교회가 전도운동에 힘쓰니 평안한 노회가 되었다.

나는 노회원 전입 순서가 빠르다 보니 일찍부터 총회 총대로 선출되었다. 또한 이미 부노회장에 입후보할 자격이 되었다. 하지만 연세 많은 선배나 나이 많은 후배에게 양보했다. 2007년 가을 노회 때 부노회장에 입후보할 수밖에 없는 상황이 생겼다. 두 번 양보할 때

솔직한 바람은 경선 없는 추대였다. 그런데 현실은 선배님과 경선해야 하는 상황이 되었다. 개인적인 입장으로만 결정한다면 또 양보하고 싶었다. 그러나 현실은 내 마음대로 결정할 수 없었다. 내가 중도 사퇴하면 많은 오해를 받을 상황이었다. 너무 고민스러웠다. 선거위원장에게 요청했다.

"경선 없이 제비뽑아 결정하는 방법을 택할 수 없습니까?"

하지만 법대로 해야 한다고 했다. 어쩔 수 없이 경선을 치렀다. 당선되지 않기를 은근히 바라기도 했다. 그런데 내가 선출되었다. 감사하면서도 경선한 선배님께는 미안했다. 나는 즉시 찾아가서 죄송하다고 말씀드렸다. 수십 년 세월이 흐른 지금 생각하면 '그때 왜 한번 더 양보하지 못했을까' 하는 아쉬움과 죄송한 마음이 있다.

북방선교회

1992년 8월 24일, 광남교회 교육관에서 북방선교회를 창립하였다. 고척교회 김제건 목사님은 고향인 북한 선교를 꿈꾸어 오셨다. 러시아 개혁개방 소식을 듣고 북방 러시아에 선교사 파송을 계획했다. 고척교회 부교역자 출신인 서남교회 이형근 목사님에게 러시아 선교사 부임을 제안했다. 이형근 목사님은 일찍이 외국어대 러시아

과를 졸업했다. 김 목사님 제안이 씨가 되어 이형근 목사님을 러시아 선교사로 파송하기로 했다.

당시 이형근 목사님은 동산교회에서 분립한 서남교회 초대 교역자로 청빙받아 목회 6년차였다. 장년 출석 교인이 200명이나 되고 예배당을 건축하려고 대지도 사놓은 상태였다. 안정되고 부흥하는 교회였다. 러시아 선교사 파송 제안을 받은 이 목사님은 50세가 넘은 나이에도 불구하고 하나님의 소명으로 받아들였다. 이 목사님은 그해 8월 마지막 주일에 서남교회를 사임하고, 1993년 1월 30일 고척교회에서 선교사 파송 예배를 드렸다. 주 파송교회는 고척교회가 되어 생활비를 감당하고, 북방선교회는 선교사역 비용를 지원하기로 했다.

초기 북방선교회는 동부시찰을 중심으로 조직하였다. 시간이 지나며 노회의 많은 교회가 동참했다. 선교사님을 파송한 다음 해에는 러시아 선교지 방문 계획을 세워 목사님 30여 명이 러시아를 방문했다. 러시아가 경제적으로 어려움을 당하던 시절에 한국의 생활용품은 선교사역에 큰 도움이 되었다.

러시아에 파송된 이 선교사님은 모스크바에 '삼위일체교회'를 세워 현지인들에게 복음을 전하고 제자를 훈련했다. 그중 2명을 한국교회가 세운 모스크바신학대학에 진학시켜 목사 안수를 받고 목회사역을 하게 했다. 이 선교사님은 또한 '삼일문화원'을 세워 한국 문화를 러시아에 알렸다. 한글날에는 한국어 웅변대회를 열어 한국어 보급에 크게 공헌했다. 또 이 선교사님은 모스크바에서 1,200km나 떨어진 볼고그라드에 행복한 교회를 세워 고려인들의 영혼 구원은 물론 고려인 정체성 세우기에 힘써 정신적 지주가 되었다.

2012년 북방선교회 창립 20주년 행사가 있었다. 여러 행사 가운데 특히 북방선교회 20년 역사를 담은 《선교하라 환상을 본 사람인 것처럼》(이진섭 이계현 엮음, 도서출판 누가, 2013) 발간이 뜻깊다. 나는 당시 회장으로서 발간사를 썼다. 처음에 책을 내자고 했을 때는 별로 한 일이 없는 줄 알고 내키지 않았다. 그런데 지난 20년 동안 사역한 자료들을 살펴보니, 러시아 선교 외에도 중국 심양에 교회당을 세웠다. 중국 청도교회와 강단 교류를 했으며, 제남신학교를 방문하여 장학금 전달과 함께 피아노를 기증했다. 또한 중국 내 조선족 교회 목회자 세미나와 난초신학교에서 계절학교를 열어 강의하는 등 다양한 활동을 했다.

나는 고척교회 부교역자 시절, 김제건 목사님, 이형근 목사님과 함께 사역했기에 북방선교회에 창립 멤버로 참여했다. 안정된 목회 사역지를 뒤로하고 러시아로 떠난 이형근 선교사님이 존경스러웠다. 훗날 북한이 개방되어 전도문이 열리면 북녘, 특히 김제건 목사님 고향에 교회를 세우는 꿈을 꾸며 북방선교회를 섬겼다. 10여 년 넘게 총무로서 봉사하고 2년간 회장직을 맡아 열정적으로 섬겼다.

세월이 지나면서 러시아 선교 지원 정책이 흔들릴 때는 유종의 미를 거두자고 강하게 주장하기도 했다. 그렇게 주장한 이유를 굳이 밝힌다면 선교사 파송의 책임감 때문이었다. 이 선교사님이 러시아 선교사 파송 제안을 받고 망설일 때 김제건 목사님과 내가 부추겼다.

"이 목사님이 러시아어를 전공한 이유가 바로 이때를 위함이 아니겠습니까?" 그래서 나는 북방선교회에 관심이 많았고, 책임감을 느꼈다. 감사하게도 당시 큰 교회가 많았는데도 우리 광남교회 교육관에서 선교회가 조직되었다. 그 후 정기총회와 선교회원 간 친교와 단합모임은 주로 광남교회에서 했다. 교우들이 준비하느라 애를 많이 썼다. 특히 정송자 권사님은 매년 회원 목사님들 건강을 위하여 영양식을 대접하는 일에 헌신했다.

창립 31년이 된 현재, 북방선교회 회원교회는 30여 곳이다. 이형근 선교사님의 후임은 볼로그라드에서 전보다 더 크고 활발하게 사역한다. 2010년 은퇴한 이형근 선교사님은 6년 전 갑자기 사모님을 천국으로 보내고 본인은 실명하여 아들과 함께 지낸다. 선교사역으로 고생한 후유증 때문 아닐까 하는 생각에 안타깝고 죄송한 마음이다. 주여! 이형근 선교사님을 위로하시고, 천국 소망으로 이기게 하소서. 주님 오실 때까지 북방선교 사명을 잘 감당하는 선교회가 되게 하소서.

해외 선교여행

천리포 막골에서 태어난 나는 고척교회에 부임하기 전까지 여객기를 한 번도 본 적이 없다. 그런데 고척교회에 부임하여 심방을 하다 보면 하늘을 지나가는 엄청난 크기의 점보여객기가 보였다. 김포공항이 가깝기 때문이었다. 나는 하도 신기하여 걸음을 멈추고 비행기가 사라질 때까지 바라보곤 했다. 이런 모습을 본 교인들은 어린애 같다고 놀려댔다. 고척동 하늘 위를 날아가는 비행기를 타보고 싶은 소망이 생기기 시작했다.

1984년, 드디어 첫 해외 선교여행을 가려고 비행기에 탑승했다. 대만의 좌영교회와 맺은 자매결연식에 교회 대표로 참석하기 위해서였다. 당시엔 해외여행에 제한이 많았다. 교회 관계자들이 여권을 신청했으나 대부분 반려되고 담임목사님과 부목사 그리고 장로님 한 분만 여권이 나왔다. 해외여행을 가려면 외무부에서 실시하는 소양교육을 받아야 했다. 첫 해외 선교여행을 떠나는 부목사들은 황송하게도 2주간의 특별휴가와 황치만 장로님의 가이드로 홍콩과 일본을 여행하는 특혜를 누렸다.

북방선교회가 왕성하게 활동하면서 해외 선교를 나갈 기회가 자주 생겼다. 북방선교회는 회교권인 말레시아에서 개종하여 목사가 된 아룰 목사를 지원하기 위해서 사역지를 찾아갔다. 아룰 목사는 정글에서 원주민 선교사역을 하였다. 원주민들은 체구가 왜소하고 반나체로 살았다. 아룰 목사는 정글 속에서 원주민과 함께 생활하면서 선교를 했다. 아룰 목사의 사역은 감동을 주었다.

후일 북방선교회는 아룰 목사를 한국으로 초청하여 한국 교회를 돌아보게 하였다. 그때 그분을 우리 교회 사택에서 며칠간 머물게 했다. 우리의 삶을 그대로 보여주고 싶어서였다. 그런데 그 일은 사랑의 열정만 앞선 창피하고 무례한 섬김이었다. 그분들은 야외에서 매일 샤워했는데 그때 우리 집에는 샤워실이 없었다. 다행히 나와 광남교회가 보여준 사랑의 섬김을 이해하고 흡족해했다.

1999년도에는 중국 심양에 있는 심정자교회를 지원하기 위하여 회장 오석회 목사님과 몇 분의 임원들이 찾아갔다. 농촌에 있는 조선족 교회였다. 삶의 모습은 우리나라 1960~70년대 농촌의 초가삼간 생활 그대로였다. 모두가 그렇지는 않겠지만, 그분들이 어렵게 사는 데는 이유가 있었다. 일본 식민지 시대에 독립운동을 하다 피신해 온 역사의 희생양들의 후손이었기 때문이다. 북방선교회는 교역자 생활비를 지원하며 새 예배당 건축 헌금을 지원했다.

많은 선교여행 중에 가장 기억에 남는 일은 필리핀 산디족이다. 우리 교회 부목사였던 박현신 선교사님이 필리핀 다바오에서 선교사역을 할 때다. 박 선교사님을 선교지로 보낸 주 파송교회가 선교 비용 지원을 중단하여 어렵다는 소식을 들었다. 우리 교회가 전액을 감당할 수는 없지만 선교비 일부를 지원하기 시작했다. 때마침 변헌웅 장로님께서 장로 은퇴를 하시며 기념될 만한 일을 하고 싶어 했다. 필리핀 다바오 산디족 교회당 건축이 절실하다는 소식을 들은 나는 교회와 변 장로님이 반반 부담하여 성전을 건축하기로 했다. 그렇게 시작해 다바오 섬에 산디족 교회당을 세 곳이나 세웠다. 친구 목사가 목회하는 산성교회에서도 크고 아름답게 성전을 건축했다.

나와 교우들은 필리핀 산디족 교회 입당식에 참여하려고 비행기를 탔다. 시내에서 4시간을 달려간 후 트럭에 옮겨 탔다. 총으로 무장한 군인이 우리를 경호했다. 알고 보니 그곳은 반군이 나타나는 위험한 곳이었다. 박 선교사님이 추장을 잘 사귀었고, 그분이 크리스천이어서 안전하다고 했다. 그래도 혹 무슨 사고라도 생길까 몹시 긴장하였다. 성전을 건축한 목적지에 가기 위해 오토바이를 타기도 하고 한동안 걷기도 했다.

그런데 놀라웠다. 그 깊은 산중에 어디서 왔는지 약 300여 명의 아이들로 꽉 찼기 때문이다. 우리는 먹을 것이 절대적으로 부족한 산속에서 쌀과 강냉이로 죽을 쑤어 그들에게 제공했다. 아이들이 각각 죽 그릇을 가지고 왔는데, 쓰레기 더미에서 찾았는지 몹시 낡은 플라스틱 용기들이었다. 우리는 2중 통역사를 거쳐 그들에게 설교를 했다. 어떻게 전달되었는지는 몰라도 그때 본 어린이들의 맑은 눈동자를 나는 평생 잊지 못한다. 지난날 한국이 어려운 시절 외국

선교사들이 바라보던 눈동자가 그러하지 않았을까. 또는 중등 구락부를 다니던 나의 눈동자가 그렇지 않았을까.

천리포 시골에서 태어난 나는 세계 여러 나라를 선교의 이름으로 다녀왔다. 비행기를 타고 아시아, 캐나다, 미국, 유럽, 러시아, 아프리카와 성지 이스라엘 등 많은 나라를 다녔다. '보잘것없는 어린 나귀가 예수님을 등에 태우고 입성하니 수많은 사람의 환영을 받았듯이.' 종려주일 예수님이 예루살렘에 입성하는 모습처럼.

사과는 과거를 풀고, 용서는 미래를 연다

우리 교회는 매년 연말이 되면 여선교회가 감과 사과를 판매한다. 처음에는 목회자가 잘 익은 사과를 전 교우들에게 선물했다. 그 의미는 한 해 동안 함께 살아오면서 혹시 잘못했거나 실수한 일들을 사과하는 마음으로 사과를 드리니 받아 주시고 용서해 달라는 의미였다. 목회하면서 교우들과 관계하다 보면 본의 아니게 실수하거나 섭섭하게 하는 일이 간혹 있다. 그럴 때마다 먼저 찾아가 일일이 사과하는 일이 그리 쉽지 않다. 또 상대는 잘 모르고 있는데 섣불리 사과했다가는 더 큰 오해가 생기는 일도 있다.

어느 기회에 수원중앙교회에서 매년 '사과의 날(apple day)' 행사를 한다는 말을 들었다. 행사의 의미는 사과와 용서였다. 사과는 과거를 풀고 용서는 미래를 연다는 문구가 마음에 와닿았다. 나는 그다음 해부터는 이 행사를 여선교회에 맡겼다. 교우들에게 마음에 걸리는 사람을 찾아가 "지난번 죄송했습니다. 용서해 주세요" 하며 사과의 말을 하도록 했다. 의외로 반응이 좋았다. 용기가 없고 쑥스러워서 먼저 사과하지 못해도, 사과의 날에 사과를 전하니 서로 용서하고 관계가 좋아졌다는 간증이 사방에서 나왔다.

'사과의 날'은 처음에는 그 유래를 잘 모르고 다른 교회에서 하는 행사가 괜찮아 보여서 시작한 일이었다. 그런데 '사과의 날'은 2002년 학교폭력대책국민협의회에서 선생님과 제자, 그리고 친구 간에 화해가 담긴 사과와 편지를 교환하면서 따뜻한 학교를 만들자는 취지로 마련했다고 한다. 매년 10월 24일 실시한다. '둘(2)이 서로 사과(4)하는' 숫자를 합쳐 24일로 정했다.

교회 안에서 혹은 가정과 직장에서 함께 생활하다 보면 서로 실수하고 마음을 상하게 하는 경우들이 발생한다. 그때마다 즉시 풀면서 살아가야 마땅한데 잘 알면서도 쉽지 않은 일이 사과와 용서다. 이런 행사를 계기로 자연스럽게 서로 마음을 표현하고 맺힌 것을 풀면 새로운 미래를 열어갈 수 있다.

'사과의 날'을 몇 년간 하다 보니 새로운 제안이 들어왔다. 사과만 하지 말고 감사도 곁들이면 좋겠다는 것이었다. 그래서 새롭게 '감사의 애플 데이'를 시작했다. 최상품 감과 사과를 사서 예쁜 종이 상자에 담아 원가로 판매했다. 감과 사과를 함께 전하니 더욱 자연스러운 사과와 감사 표현이 되었다.

밥상 앞에서

전에는 밥상 앞에 앉으면 별생각 없이 잠깐 기도하고 먹기에만 급급했다. 오랜 세월 식사 기도를 하다 보니 짧고 형식적일 때도 많았다. 어느 날 나는 아내가 차려 준 밥상의 음식을 진지하게 바라보았다. 제각각 색깔이 다른 음식들이 눈에 들어왔다. 빨주노초파남보 음식의 무지개 밥상이 내 앞에 차려져 있었다. 같은 땅에서 같은 햇빛과 물과 공기를 먹고 자라는데, 어쩜 이리도 다양한 색깔과 맛을 지닌 채소가 나는 것일까. 창세기의 말씀이 떠올랐다.

땅이 풀과 각기 종류대로 씨 맺는 채소와 각기 종류대로 씨 가진 열매 맺는 나무를 내니 하나님이 보시기에 좋았더라(창1:12)

태초에 각종 씨 맺는 나무 열매를 창조하시고 탄소동화작용으로 식물들이 조화롭게 자라게 하신 하나님의 창조원리에 감탄하였다.

이 땅의 수많은 인류가 건강하게 살 수 있도록 예비해 주신 하나님의 오묘한 은혜가 진하게 전해졌다. 평소 즐겨 부르던 찬양이 자연스레 흘러나왔다.

주 하나님 지으신 모든 세계 내 마음 속에 그리워 볼 때 하늘의 별 울려 퍼지는 뇌성 주님의 권능 우주에 찼네

이러한 생각에 젖어 식사 기도를 하니, 기도 내용이 달라지고 좀 길어졌다. 나는 미각의 체험을 뒤로하고 후각 체험을 위하여 여러 번 '흠' 하며 깊은 호흡을 했다. 이전에 느끼지 못한 다양한 냄새와 향기가 코에 들어왔다. 인간은 후각으로 1만 가지 냄새를 구별한다고 한다. 한데 나는 창조주 하나님이 주신 후각을 얼마나 사용해 왔던가. 늘 맡는 생선구이 냄새만큼은 언제나 침샘을 자극한다. 특별히 오늘은 고소한 깨소금과 채소 그리고 과일의 향을 고루 누렸다.

나는 아내의 재촉 때문에 더는 밥상 앞에 앉아만 있지 못했다. 미각 체험을 시작했다. 아내가 며칠 전에 담근 무 동치미 국물을 한 술 떠서 입에 넣었다. 배고픈 나는 이 체험을 제일 먼저 하고 싶었다. 잘 발효된 동치미 국물이 시원하고 쏴하고 달콤한 맛이 온몸과 마음까지 시원하게 깨워주었다. 나는 맛있다는 말을 연발하며 동치미 무를 아삭아삭 씹어 먹었다. 미각을 즐기는 내 모습을 본 아내가 슬쩍

자랑했다.

"나 은근히 음식 잘 만들죠?"

"응, 당신 최고야!"

나는 진심으로 아내에게 칭찬과 감사의 마음을 건넸다. 그 전에도 우리는 무 동치미를 가끔 담가 먹었다. 그때는 생각 없이 먹기에만 바빴다. 음식에 눈길을 보내며 천천히 음미하니 전혀 새로운 느낌으로 다가왔다. 눈으로 보고 맛을 음미하는 데 그치지 않고 음식을 씹는 소리에도 귀를 기울였다.

오늘 밥상에 올라온 진수성찬은 주위의 많은 분이 보내준 사랑의 식자재들이었다. 천리포에 계신 형님이 보내주신 쌀, 누님이 보내주신 검은콩이 섞인 잡곡밥, 우리 교회 성도님들이 명절에 주신 쇠고기도 있고 김도 있었다. 장모님이 소금 간을 알맞게 하여 보내주신 조기는 윤기가 자르르 흐르는 몸매에 아내가 정성스레 입혀준 노릇노릇한 옷을 입고 유혹했다. 구수한 조기구이 냄새에 군침이 돌고 밥이 저절로 넘어갔다.

밥상에서 내 마음에 들려오는 소리를 한마디로 표현하면 사랑이다. 하나님의 한없는 사랑의 축복이다. 주변 사람들이 주는 사랑의 섬김이다. 가장 강하게 들려오는 소리는 아내의 밥상 차림 메아리였다. 결혼 후 40여 년을 매일 하루 세 번씩 밥상은 물론 간식까지 먹여 준 아내의 사랑이 정말 크고 고맙다. 아내가 간혹 유튜브를 집중해서 보는 이유는 건강한 밥상을 차리려는 뜻이다. 약골로 태어난 내가 나이를 먹을수록 이처럼 건강한 이유는 아내의 밥상 덕분이라는 사실을 다시 한번 깨닫는다.

다시 꿈꾸는 광안시의 중심교회

1985년 3월 10일, 한국선교 100주년 기념교회로 개척한 광남교회는 40주년을 눈앞에 두고 있다. 광남교회는 학온동(노온사동과 가학동)에서 막내로 개척되었다. 하지만 하나님의 은혜로 지역사회의 중심교회 역할을 해왔다. 학온동사무소가 들어서기 전에는 지역개발을 위한 대규모 모임을 주로 광남교회에서 했다. 노인대학을 할 때도 학온동 어르신들이 광남교회에 모여 시간을 보냈다. 하지만 그린벨트법과 보금자리개발계획의 취소와 특별관리지역이란 법으로 오늘날까지 개발을 제한받다 보니, 현재는 황량한 들녘에 소수 주민만 사는 마을이 되었다. 민가는 점점 공장과 창고로 변해가고, 평일과 달리 휴일에는 오가는 사람이 없는 적막한 마을이 되었다.

다행히 주일에는 사방에서 교우들이 예배드리러 와서 교회 주차장은 자동차로 가득 찬다. 교회당에서 찬송 소리가 울려 퍼지고 카페에서는 대화 소리가 있어 적막한 마을이 잠시나마 생동감이 돈다. 교우들이 예배를 마치고 돌아가면 목회자는 독도에 홀로 남겨진 느낌이다. 해가 기울면 드넓은 마을은 금세 캄캄해지고, 변 장로님 댁과 우리 집 두 가구만 남아 때로는 무서운 생각이 든다. 그래서 나는 아내 혼자 집에 두고 외출하지 못한다. 38년 전 개척을 시작할 때는 꿈에 부풀어 있었다.

"신 목사, 한 오 년만 무릎 꿇고 기도하고 있으면 큰 아파트 단지가 들어올 거야."

김제건 목사님의 말씀처럼 나는 그런 날이 와서 부흥할 날을 기대했다. 38년이란 세월이 흘렀는데, 아파트는 고사하고 연립주택 한 동도 없는 상황이다. 이러한 현실 때문에 한때는 실망과 무능을 자책하며 슬럼프에 빠진 적도 있다. 하지만 예수님께서 제자들에게 해주신 말씀을 새롭게 깨달아 평안과 소망과 기쁨을 회복하였다.

착하고 충성된 종아 네가 적은 일에 충성하였으매 내가 많은 것을 네게 맡기리니 네 주인의 즐거움에 참여할지어다(마25:21)

2021년 2월 24일, 우리 마을을 3기 신도시 지역으로 발표하는 뉴스가 나왔다. 작년에는 지구 지정을 확정하였다. 정부 계획에 따르면, 2031년까지 서남권의 허브 명품 신도시로 개발하여 7만 가구에 16만 명이 사는 신도시가 된다. 광남교회는 지금도 '광안시'(광명, 안

산, 시흥)의 중심교회라는 자부심으로 전도의 사명을 감당한다. 앞으로는 위치적으로 광명시흥 신도시의 중심이 된다. 지역적 개념보다는 신앙적·선교적 개념에서도 광안시의 중심교회가 되기를 간절히 소망한다.

나는 은퇴할 날이 멀지 않다. 광남 교우들은 후임 목회자와 함께 새로운 신도시에 적합한 교회를 새롭게 세울 꿈과 계획을 세우고 지금부터 준비해야 한다. 이스라엘 선민의 출애굽과 가나안 정착의 역사를 보면 알 수 있다. 모세는 출애굽에서 요단강 앞 느보산까지 지도자로 쓰였다. 그다음은 여호수아를 통하여 가나안을 정복하고 정착케 하여 하나님의 구원계획을 성취하셨다. 모세가 이끈 출애굽과 광야의 여정은 40년이다. 나 역시 은퇴 정년이 되면 40년 목회 사역을 마친다. 다시 광남교회를 향한 꿈과 소망을 품고 기도한다.

수십 년을 하루같이

2023년 3월 12일은 광남교회 창립 38주년이 되는 날이다. 창립 감사 주일을 앞두고 지난날을 돌아보니 세월이 유수와 같다. 지금까지 지켜 주시고 인도해주신 하나님의 은혜가 크고 놀랍다. 수년도 아니고 수십 년을 하루 같이 교회를 위하여 충성봉사 하신 교우들의 헌신과 봉사는 이루 다 설명하기 어렵다.

16년 동안 유치부 교사와 부장으로 봉사하는 허경숙 집사. 허 집사님은 광남교회 개척 4년째 되던 해 고등학교 1학년 때부터 우리 교회에 출석했다. 청년 시절에는 교사로 봉사했다. 아가페음악통신대학을 졸업한 후 성가대 지휘자로도 수고했다. 결혼적령기가 되자 초등학생 때부터 좋아했다는 청년은 휴가 때만 되면 공군 복장으로 우리 교회에 출석했다. 두 사람은 나의 주례와 온 교우들의 축복 속에 결혼예식을 올렸다.

허 집사님 가정에 하나님이 주신 두 딸은 예쁘게 성장하여 큰딸은 피아노 반주 봉사를 하고, 둘째 딸은 피아노와 베이스 기타 그리고 바이올린으로 찬양대에서 봉사한다. 큰딸은 어머니와 같이 유아교육과를 졸업한 후 대학유치원에서 교사로 일하면서 주일에 엄마는 유치부 부장으로 딸은 교사로 봉사한다. 십수 년 동안 헌신, 봉사하는 세 모녀를 보면 도대체 어디서 저런 힘이 나오는지 감탄스럽다.

우리 교회는 오래전부터 오전 11시에 장년부와 교회학교 예배를 동시에 드렸다. 먼 곳에서 출석하는 교우들이 자녀들을 데리고 와서 예배드린 후 식사하고 함께 귀가한다. 이렇게 교회학교 예배를 드리다 보니 교사들은 오전 9시 예배에 참석해야 한다. 그런데도 자원하여 십수 년을 봉사해 온 교사가 많다.

그중에서도 오늘날까지 봉사하는 대표적인 교사는 노상환, 류상욱, 박연진 부장이다. 특히 박연진 권사님은 평일에는 중고등학교에서 급식조리사로 일한다. 그처럼 힘든 일을 하고도 토요일에는 교회당 청소를 하고, 주일에는 교회학교 교사와 부장으로 오늘날까지 봉사한다. 한 주간 열심히 살았으니 주말에는 쉬어야 마땅한데, 주님의 사명이 무엇인지 오히려 기쁘게 자원하여 봉사한다.

성단의 꽃장식은 아름다울 뿐만 아니라 매 주일 새로운 영감을 준다. 특히 코로나로 인하여 온라인 영상예배를 드리면서 강단 꽃장식은 많은 분에게 칭찬을 받았다. 절기 땐 더욱 정성껏 성단을 장식한다. 팀장 이종희 권사님을 비롯하여 한선자, 배미숙, 박미화 팀원의 숨은 수고가 비결이다. 팀원들은 토요일이면 추울 때나 더울 때나 함께 모여 강단에서 기도한 후 합심하여 강단을 장식한다. 될 수 있는 한 비용을 아끼려고 조화를 재활용하고, 때로는 교회당 주변의 화단과 뜰에서 야생화를 채취하여 성단을 장식했다. 팀장인 이 권사님은 꽃꽂이를 전문으로 배운 분이 아니다. 그런데도 전문가 수준이다.

십수 년을 하루 같이 봉사하는 한 분이 더 있다. 목사가 설교하다 보면 때로 목이 말라 힘들 때가 있다. 설교 강단에 언제나 물컵이 있는 이유다. 이 일을 김은옥 권사님이 13년째 자원하여 봉사한다. 김 권사님은 알맞은 온도와 건강에도 좋은 물을 지극정성으로 강단에 올려놓는다. 나는 간혹 설교 중에는 한 모금도 입에 대지 않을 때가 있다. 그럴 때는 예배가 끝난 후 꿀꺽꿀꺽 사랑의 물을 마신다. 이분들 봉사는 주일마다 행해진다.

더 대단한 일은 교회 창립 때부터 오늘까지 수십 년을 하루 같이 헌신하는 분들이다. 새벽기도 예배자들이다. 매일 새벽 일찍 예배당 불을 켜는 변광현 장로님과 부인 김명자 권사님, 비가 오나 눈이 오나 앞자리에 앉아 아멘으로 말씀을 받으며 늦게까지 기도하고 가시는 조용분 권사님과 남편 변헌웅 장로님, 거의 매일 새벽기도회와 예배에 참석하여 말씀을 먹고 기도하는 성도들이야말로 대단한 헌신자들이다. 그분들의 중보기도 덕분에 교회의 두 다리가 언제나 든든하다.

야곱이 라헬을 위하여 칠 년 동안 라반을 섬겼으나 그를 사랑하는 까닭에 칠년을 며칠 같이 여겼더라(창세기29:20)

고맙소, 고맙소, 늘 사랑하오

어린 나이에 멋모르고 시작한 사역은 교육전도사 때부터 계산하면 벌써 46년째다. 그 가운데 38년을 광남교회에서 목회했다. 이제 은퇴할 날을 눈앞에 두고 지난날을 돌아보니, 모든 일이 하나님의 은혜이며 성도님들의 사랑이었다.

광남교회를 개척할 때, 나는 고작 서른한 살이었다. 대부분 교육 전도사로 일했고, 고척교회에서 부목사로 재직한 3년이 경험의 전부였다. 여러모로 부족하고 갖추지 못한 상태임에도 불구하고, 오늘날까지 목회를 할 수 있었던 이유는 광남교회 성도님들의 성숙한 사랑과 협력과 기도 덕분이다. 흔히 목회자의 영향력이 교우들의 신앙 성장을 가져온다고 한다. 목회자 역시 교우들의 사랑과 가르침으로 함께 성장해 간다는 사실을 절감한다. 광남의 성도님들, 부족한 저를 키워주시고 섬겨주시고 사랑해 주셔서 감사합니다.

목회 행정을 함께 논의하며 무거운 짐을 져야 할 때, '아니오' 하지 않고 '예'로 응답하며 함께 동역한 장로님들께 늘 감사하다. 고인이 되신 김상만 초대 장로님, 은퇴 후에는 당회 일에 전혀 관여하지 않고 묵묵히 자신의 신앙생활에만 충실한 변헌웅, 변광현 장로님, 지금도 목장에서는 초원장과 목자로 가정교회를 목양하시며 청소와 운전과 교회 재정을 맡아 수고하시는 이선균, 오경호, 박계화, 조성완, 정동식 장로님은 내 인생의 스승이다.

주님의 몸 된 교회는 예수님을 머리로 여러 지체가 연합하여 한 몸을 이룬다. 모두 장로일 수도 없고, 모두 안수집사나 권사일 수는 없다. 그러한 원리에 의하여 안수집사와 서리집사로 말없이 평생을 충성 봉사하시는 분들이야말로 광남의 존귀한 주의 일꾼들이다. 이해강, 이창우, 홍종일, 박한근, 정해승, 장인선, 류상욱, 서양수, 노상환, 윤상재, 변민원, 천덕환, 안재춘, 나찬중, 김성식 안수집사님들, 수고 많으셨습니다. 감사합니다. 여러 가지 사정으로 인하여 수십 년을, 혹은 아직은 젊은 나이라서 서리집사로 신앙생활을 하며, 교회의 궂은일에 충성하시는 윤용석, 오길삼, 정석채, 김인수, 박진국, 장택수, 최평남, 오기만, 장수환, 최향진, 고선영, 김병준, 변성원, 권영민, 강성남 집사님, 사랑하고 축복합니다.

가정의 살림살이를 잘하려면 남편 못지않게 아내의 역할이 중요하다. 교회 역시 평안하고 건강하고 부흥하는 교회가 되려면 권사님들의 역할이 중요하다. 우리 교회 권사님들은 모두 심방 상담사이자 요리사다. 주일 교우들 식사 대접을 위해 토요일부터 지극정성으로 준비하시는 모습이야말로 수넴 여인의 세심한 섬김을 보는 것 같다. 권사님들 중에는 목자 부인으로서 가정교회 목원들을 지극정성으로 섬기시는 분도 있다. 권사님들은 매년 목회자와 아내의 생일이 되면 근사한 음식점으로 초대하여 사랑으로 대접해 주셨다. 그 사랑을 받을 때마다 우리 내외는 위로와 격려가 되고, 행복했다. 교역자뿐만 아니라 온 교우들을 사랑하는 마음으로 섬겨 오신 권사님들에게 감사드린다. 김순완, 최정순, 정송자, 조용분, 전정옥, 정을선, 이종희, 김선순, 김명자 같은 은퇴 권사님들, 현재 시무하시는 서경자, 홍승주, 배미숙, 이영숙, 김상수, 김은옥, 박연진, 한금선, 조성심, 박미화, 천정애, 김미숙, 임인순, 박향숙, 강정희, 권사님들, 수고 많으셨습니다. 감사합니다.

그리고 3월 12일, 교회 창립 38주년 기념일에 임직한 명예권사 김은숙, 안수집사 조일진, 박상렬, 박종인 집사님, 허경숙, 박숙이, 이현주, 김금례, 최영숙 피택 권사님들에게는 축하와 함께 권면의 말씀을 전합니다.

죽도록 충성하라 그리하면 내가 생명의 면류관을 네게 주리라(계 2:10)

한국의 미래뿐 아니라 광남교회의 미래 역시 다음 세대에 있다. 믿음의 대가 끊기면 교회는 사라진다. 저출산으로 교회마다 교회학교 부서가 사라지는 현실이다. 다행히 우리 교회는 아직 청년부, 중고등부, 아동 유치부가 남아 있어 하나님께 감사드린다. 아울러 교사들의 수고에도 감사하다.

우리 교회에서 태어나고 자라서 학교를 졸업하고 결혼하여 사회에 나가 활동하는 청년들을 볼 때면 자랑스럽다. 특히 다음 세대를 양육하는 유치원 교사들을 많이 배출한 것이 감사한다. 회사에 꼭 필요한 직장인이 되고, 한의사가 되어 예수님의 마음으로 환자를 치유하는 젊은이들을 볼 때면 감개무량하다. 아직 결혼, 직장, 배움의 문이 열리지 않아 기도하는 청년들에게는 '에바다(열리라)'의 은총이 있기를 매일 중보기도하며 응원한다.

근래 주변 교회에서 목사 은퇴식이 종종 있었다. 그 자리에 가면 이제는 내 은퇴식도 얼마 남지 않았구나 하고 실감한다. 주님의 도우심으로 마지막까지 목회하다 은퇴할 때 나는 어떤 인사말로 끝맺어야 할까. 나는 김호중 가수가 부른 노래를 개사하여 마무리하고 싶다.

"하나님 아버지. 광남교회 성도 여러분. 그동안 저를 사랑해 주시고 믿음 안에서 동역해주신 모든 은인 여러분. 고맙소, 고맙소, 늘 사랑하오."

사진으로 보는 광남교회 역사

胎動
제1성전 시대 1985. 3. 10~1985. 6.

한국 기독교 선교 100주년을 맞이하여
동부 시찰에서 기념교회를 세우다.

고(故) 변갈호 성도

고(故) 변갈호 성도 집에서 창립 예배를 드리다.

성장

제2성전 시대 1985. 6. 9~1989.

창립 후 첫 교회(주택)를 건축하다.

제3성전 시대 1989. 6. 11~1994.

돼지 축사가 예배당이 되다.

부흥
제4성전 시대 1994.4.17~2009.

VISION

제5성전 시대 2010~

우리 광남교회는
주님이 오시는 그 날까지
이 땅 위에 하나님의 뜻을 이루며
종말론적 공동체의 사명을
다할 것입니다.

천리포 소년,
하나님의 이정표를 따라가다

초판1쇄 인쇄 | 2023년 7월 1일
초판1쇄 발행 | 2023년 7월 5일

지 은 이 | 신태의
펴 낸 이 | 김진성
펴 낸 곳 | 뱃나래
편   집 | 허 강, 정서윤, 이경일
디 자 인 | 성 숙
관   리 | 정보해
출판등록 | 2012년 4월 23일 제2016-000007호
주   소 | 경기도 수원시 장안구 팔달로237번길 37, 303(영화동)
대표전화 | 02) 323-4421
팩   스 | 02) 323-7753
전자우편 | kjs9653@hotmail.com

Copyright©by 신태의

값 15,000원

ISBN 978-89-97763-53-5 (03230)